L&PM POCKET ENCYCLOPÆDIA

Rousseau

SÉRIE L&PMPOCKETENCYCLOPÆDIA

Alexandre, o Grande Pierre Briant
Budismo Claude B. Levenson
Cabala Roland Goetschel
Capitalismo Claude Jessua
Cérebro Michael O'Shea
China moderna Rana Mitter
Cleópatra Christian-Georges Schwentzel
A crise de 1929 Bernard Gazier
Cruzadas Cécile Morrisson
Dinossauros David Norman
Economia: 100 palavras-chave Jean-Paul Betbèze
Egito Antigo Sophie Desplancques
Escrita chinesa Viviane Alleton
Existencialismo Jacques Colette
Geração Beat Claudio Willer
Guerra da Secessão Farid Ameur
História da medicina William Bynum
Império Romano Patrick Le Roux
Impressionismo Dominique Lobstein
Islã Paul Balta
Jesus Charles Perrot
John M. Keynes Bernard Gazier
Kant Roger Scruton
Lincoln Allen C. Guelzo
Memória Jonathan K. Foster
Maquiavel Quentin Skinner
Marxismo Henri Lefebvre
Mitologia grega Pierre Grimal
Nietzsche Jean Granier
Paris: uma história Yvan Combeau
Primeira Guerra Mundial Michael Howard
Relatividade Russell Stannard
Revolução Francesa Frédéric Bluche, Stéphane Rials e Jean Tulard
Rousseau Robert Wokler
Santos Dumont Alcy Cheuiche
Sigmund Freud Edson Sousa e Paulo Endo
Sócrates Cristopher Taylor
Teoria quântica John Polkinghorne
Tragédias gregas Pascal Thiercy
Vinho Jean-François Gautier

Robert Wokler

Rousseau

Tradução de DENISE BOTTMANN

www.lpm.com.br

L&PM POCKET

Coleção **L&PM** POCKET, vol. 998

Robert Wokler é pesquisador na Universidade de Exeter, na Inglaterra, e já ocupou cargos em destacadas instituições de ensino como Oxford, Cambridge e Princeton. É autor de, entre outros, *Rousseau on Society, Politics, Music and Language* (1987) e coautor de *The Enlightenment and Modernity* (2000).

Texto de acordo com a nova ortografia.

Título original: *Rousseau*

Primeira edição na Coleção **L&PM** POCKET: fevereiro de 2012

Tradução: Denise Bottmann
Capa: Ivan Pinheiro Machado. *Ilustração*: *Jean-Jacques Rousseau* (1764), pintura de Maurice Quentin de La Tour (1704-1788).
Preparação: Jó Saldanha
Revisão: Lívia Schleder de Borba

CIP-Brasil. Catalogação na Fonte
Sindicato Nacional dos Editores de Livros, RJ

W829r

Wokler, Robert, 1942-2006
Rousseau / Robert Wokler; tradução de Denise Bottmann. – Porto Alegre, RS: L&PM, 2012.
192p. : il. (Coleção L&PM POCKET; v. 998)

Tradução de: *Rousseau*
Inclui bibliografia e índice
ISBN 978-85-254-2565-2

1. Rousseau, Jean-Jacques, 1712-1778 - Crítica e interpretação. I. Título.

11-8408. CDD: 194
CDU: 1(44)

Rua Comendador Coruja, 326 – Floresta – 90220-180
Porto Alegre – RS – Brasil / Fone: 51.3225-5777 – Fax: 51.3221-5380

Pedidos & Depto. comercial: vendas@lpm.com.br
Fale conosco: info@lpm.com.br
www.lpm.com.br

Impresso no Brasil
Verão de 2012

Sumário

Em memória de Isaiah Berlin

Agradecimentos

O tempo que levei para escrever este livro não foi muito além das oito semanas inicialmente programadas, mas elas resultam de um período de quase oito anos. Adaptei algumas páginas de publicações anteriores, a saber: "Rousseau", in *Political Thought from Plato to Nato* (Londres, 1984), no capítulo 1; "The *Discours sur les sciences et les arts* and its Offspring", in S. Harvcy, M. Hobson et al. (orgs.) *Reappraisals of Rousseau* (Manchester, 1980), e "Rousseau on Rameau and Revolution", in R. F. Brissenden e J. C. Eade (orgs.) *Studies in the Eighteenth Century*, vol. iv (Camberra, 1979), no capítulo 2; "Rousseau's Two Concepts of Liberty", in G. Feaver e F. Rosen (orgs:), *Lives, Liberties and the Public Good* (Londres, 1987), no capítulo 4. Sempre que possível, tentei incorporar correções ou melhorias gentilmente sugeridas por John Hope Mason e Quentin Skinner. Agradeço a Sir Keith Thomas, por sua incrível paciência e tolerância em me permitir acudir a outras emergências editoriais e pelo meticuloso cuidado com que tentou refinar meu estilo. Agradeço também a Susie Casement e Catherine Clarke, minhas editoras na Oxford University Press, pelo incentivo constante, que ultrapassou em muito qualquer obrigação que tivessem. Agradeço a Marilyn Dunn e Karen Hall, por terem datilografado o material nos moldes exigidos.

Novembro de 1993

Com o acréscimo de ilustrações ao texto, aproveitei a oportunidade para modificar alguns detalhes, um ou outro por questão de clareza, e corrigir dois erros apontados por meu tradutor japonês Shuji Yamamoto. O lançamento recente de novas edições dos escritos de Rousseau em francês e em inglês me animou a rever ou a acrescentar várias referências bibliográficas. Alguns tópicos foram ampliados, principalmente nos capítulos 1, 3 e 4. O capítulo 6, onde tentei imitar o estilo de Rousseau até onde consegui, limitado também pelas restrições impostas por outro idioma e pelas exigências de um trabalho de interpretação do contexto, traz alguns pequenos acréscimos sobre música.

Março de 2001

Obras de Rousseau citadas neste livro

A *Politics and the Arts: Letter to M. d'Alembert on the Theatre*, trad. com notas e introdução de Allan Bloom (Ithaca, NY: Cornell University Press, 1977) (primeira edição neste formato em 1960)

C *The Confessions*, trad. e introdução de J. M. Cohen (Londres: Penguin Books, 1953)

E *Emile, or On Education*, introdução, tradução e notas de Allan Bloom (Nova York: Basic Books, 1979)

G *Discourses and Other Early Political Writings*, edição, tradução e notas de Victor Gourevitch (Cambridge: Cambridge University Press, 1997)

H *Rousseau on International Relations*, org. Stanley Hoffmann e David Fidler (Oxford: Clarendon Press, 1991)

J *Julie, or the New Héloïse*, tradução e notas de Philip Stewart e Jean Vaché (Hanover, NH: University Press of New England, 1997)

L *Correspondance complète*, edição e notas de R. A. Leigh (Genebra e Oxford: The Voltaire Foundation, 1965-98)

P *Oeuvres complètes*, ed. B. Gagnebin, M. Raymond et al. (Paris: Gallimard, Bibliothèque de la Pléiade, 1959-95)

R *Reveries of the Solitary Walker*, tradução e introdução de Peter France (Londres: Penguin Books, 1979)

S *The Social Contract and Other Later Political Writings*, organização, tradução e notas de Victor Gourevitch (Cambridge: Cambridge University Press, 1997)

Citei apenas as edições mais acessíveis das obras de Rousseau em inglês, e em várias ocasiões preferi usar minha própria tradução, mas mesmo assim dando a localização da outra. Todas as referências ao *Contrato social* seguem apenas a numeração dos livros e capítulos da obra. Todas as referências à *Correspondance complète* dão o número da carta.

Capítulo 1

A vida e a época de um cidadão de Genebra

Com alguns de seus contemporâneos, como Montesquieu, Hume, Smith e Kant, Rousseau exerceu profunda influência sobre a história intelectual da Europa moderna, mas talvez tenha ultrapassado todos os outros de sua época. Nenhum pensador setecentista escreveu um número maior de textos importantes sobre um leque tão amplo de assuntos sob as mais variadas formas, nem se expressou com maior eloquência e constante passionalidade. Ninguém conseguiu estimular ou incomodar tanto a imaginação pública com a própria vida e obra. Quase sozinho entre as figuras fundamentais do Iluminismo, ele submeteu as correntes dominantes do mundo onde vivia à mais inspirada crítica, ao mesmo tempo em que lhes imprimia um novo rumo; mais tarde, quando os líderes da Revolução Francesa aproveitaram a oportunidade para reavivar uma unidade entre teoria e prática política, vieram a abraçar sobretudo as doutrinas de Rousseau.

Como a maioria dos homens mais insignes na república das letras de seu mundo, Rousseau, evidentemente, tinha muitos outros interesses além da política. Era um compositor muito admirado e autor de um extenso dicionário musical de grande erudição, e a música talvez tenha sido o assunto que mais lhe ocupou a atenção ao longo da vida. Vários de seus primeiros textos mais importantes tratavam da filosofia da história, de ciências e artes, enquanto nos anos finais ele se entregou com grande entusiasmo à botânica, dedicando-lhe um conjunto de cartas que, depois de traduzido, veio a ser um manual muito utilizado na Inglaterra. *Os devaneios do caminhante solitário* iriam desencadear uma explosão de naturalismo romântico em toda a Europa, na segunda metade do século XVIII, e *A nova Heloísa* foi o romance mais lido da época. Suas *Confissões*, além disso, constituem a autobiografia mais importante desde a de Santo Agostinho, e *Emílio* é a obra mais significativa sobre educação desde a *República* de Platão. Ainda assim, foi como moralista e pensador político que Rousseau alcançou máxima distinção.

O local de nascimento e os primeiros anos de infância deixaram profundas marcas na vida e no desenvolvimento intelectual de Rousseau. Ele nasceu em 1712, em Genebra, um pequeno Estado calvinista cercado por grandes nações em sua maioria católicas, um país montanhoso protegido contra invasões pelas barreiras naturais e pela cultura política dos cidadãos, e sobretudo uma república no meio de ducados e monarquias. Quando Rousseau descreveu o vigário saboiano de *Emílio*, professando sua fé num deus bondoso da Natureza, mais do que nas Escrituras, no alto de uma colina de onde se descortinava a cidade, era uma imagem da comunhão direta entre o homem e seu criador que não seria compartilhada por muitas pessoas das outras cidades que ele conhecia. Muitos dos *philosophes* do século XVIII, contrários ao governo arbitrário e aos privilégios de uma aristocracia venal, consideravam os monarcas progressistas como aliados na causa da reforma. Rousseau, porém, não tinha essa confiança de seus contemporâneos nas perspectivas do absolutismo esclarecido. Enquanto um engajamento radical, temperado com o medo à censura, levava Diderot, Voltaire e outros a publicar seus textos como anônimos, Rousseau não perdia oportunidade de assinar suas obras como "Cidadão de Genebra", e só abandonou esse hábito após se convencer de que seus conterrâneos haviam se desviado irremediavelmente. Nenhuma outra figura do Iluminismo foi mais contrária ao curso que adotara a civilização política, e ao mesmo tempo mais orgulhosa de sua identidade política.

A mãe de Rousseau morreu logo após o parto, e assim a responsabilidade de criá-lo ficou a cargo do pai, um relojoeiro de temperamento romântico e irascível, que lhe incutiu o amor pela Natureza e pelos livros, em especial os clássicos e a história. Rousseau nunca recebeu uma educação formal e de vez em quando parecia compensar essa deficiência com longas notas de rodapé em seus textos, dando fontes que seus contemporâneos mais instruídos nem se dariam ao trabalho de citar. Mas sua mãe tinha herdado uma boa biblioteca, e o pai, que era muito lido, incentivava o fascínio do jovem Rousseau pela literatura, cultivada de uma maneira que mais tarde, nas *Confissões*, Rousseau considerou ser específica dos artesãos de Genebra, à diferença dos de outros países. Também foi do pai que, em boa medida, ele herdou uma devoção fervorosa pela terra natal, onde, como lhe diriam, "todos os homens são irmãos" e "reinam o céu e a alegria". Ele iria dedicar pelo menos duas de suas principais obras, *Carta a D'Alembert sobre o teatro* de 1758 e *Cartas da montanha* de 1764, à cultura ou ao sistema político da cidade natal, e observaria que o próprio *Contrato social* fora concebido como uma descrição dos nobres princípios vigentes naquele Estado. O texto que apresenta seu conceito de fraternidade política com maior riqueza é a *Carta a D'Alembert*, onde evoca as festas ao ar livre de um regimento militar genebrino, que lhe haviam incendiado a imaginação quando era menino (P V 123-4 n; A 135-6 n).

1. Vista de Genebra por volta de 1720, por Robert Gardelle.

Mas a afeição pelo pai e pela cidade natal não compensava a perda da mãe. Quando tinha apenas quinze anos, Rousseau foi apresentado a uma baronesa suíça, Madame de Warens, que morava em Annecy, no Ducado de Saboia, logo a oeste de Genebra. Madame de Warens, com apenas 29 anos, já havia criado certo renome convertendo refugiados protestantes ao catolicismo, e atraiu Rousseau a seu lar e a seu regaço com uma hospitaleira intimidade que bem condizia com o entusiasmo e o enlevo do rapaz. Ele seria seu amante e pupilo pelos dez anos seguintes, primeiro em Annecy, depois em Chambéry e finalmente no idílico retiro do vale de Les Charmettes. Com a orientação de Madame de Warens e a assistência de seus patronos e confessores religiosos, Rousseau completou os estudos, especialmente em filosofia e literatura moderna, que pouco conhecia antes, e começou a pensar na carreira de escritor. Além disso, em parte inspirado pelos entusiasmos pietistas de Madame de Warens, ele desenvolveu um amor pela Divindade e pelas maravilhas de Sua Criação que iria diferenciá-lo, em suas crenças religiosas, da grande maioria dos *philosophes* contemporâneos, que adotavam posições ateístas ou céticas e desconfiavam de seu fanatismo, considerando-o similar às superstições místicas de uma igreja clerical que pretendiam derrubar. Durante todo o período em que foram amantes e pelo resto de sua vida, Rousseau iria se referir a Madame de Warens como *maman*, atribuindo-lhe aquelas qualidades de beleza, graça e doçura que, como órfão de mãe, sempre ansiou em encontrar em todas as mulheres a cujos encantos sucumbiria mais tarde.

Thérèse Levasseur, com quem Rousseau se casou e viveu desde mais ou menos 1745 até o ano de sua morte, era uma mulher menos atraente e muito menos culta, a qual, apesar de seu frescor puro de início envolvente, nunca veio a conquistar a afeição de Rousseau da mesma maneira. Precisando não só de satisfação sexual, mas também dos cuidados maternos oferecidos pelas duas principais mulheres de sua vida, Rousseau jamais tolerou formar uma família própria, e abandonou os cinco filhos que teve com Thérèse ao destino incerto de um orfanato público. Mais tarde, ele diria que era pobre demais para criar adequadamente os filhos, e que sentia remorso e vergonha pela própria conduta. Decerto o fato despertou nos leitores a curiosidade em saber como ele pôde escrever um tratado tão sublime sobre a educação infantil como *Emílio*, o qual, sob certos aspectos, pode ser lido como uma obra de expiação pessoal. Até hoje, esse seu abandono dos filhos é o traço mais vívido de seu caráter na imagem corrente de sua biografia, muito mais destacado do que qualquer outra característica sua.

Ele também se demonstrou menos solícito do que se poderia esperar em relação às necessidades de Madame de Warens, que na década de 1750 enfrentou sérios apuros financeiros, chegando a ter de se registrar como indigente. Ela morreu no verão de 1762, em condição de extrema miséria,

2. Silhueta de Thérèse Levasseur.

sem qualquer contato com Rousseau, o qual andava absorvido com os problemas de sua própria segurança, depois de ter seus escritos denunciados na França e na Suíça por iniciativa de autoridades religiosas e seculares. No Domingo de Ramos, 12 de abril de 1778, poucas semanas antes da própria morte, ele escreveu uma de suas páginas mais eloquentes, o Décimo Passeio de seus *Devaneios*, onde comenta que fazia cinquenta anos desde o dia em que conhecera Madame de Warens, com quem seu destino se entrelaçara e em cujos braços gozara de um curto e terno período da vida em que tinha atingido a plenitude de seu ser, "sem obstáculos nem ambiguidades e quando podia realmente dizer que vivera" (P i 1098-9; R 153).

Quando finalmente começou a procurar a própria independência no mundo, depois dos 25 anos de idade, Rousseau vivia de proventos modestos, sobretudo dando aulas particulares e transcrevendo partituras, decidido a conquistar Paris com uma peça de comédia, *Narciso*, e um novo sistema de notação musical. Logo depois de chegar à cidade, em 1742, ele fez amizade com Diderot, que tinha mais ou menos a mesma idade, a mesma origem e a mesma ambição, e se tornaria seu amigo mais próximo pelos quinze anos seguintes. Os dois não tinham o mesmo temperamento, sendo Diderot mais polido e afável, e Rousseau mais sensível e franco, mas ambos tinham os mesmos interesses pelo teatro, pelas ciências e em especial pela música. Quando Diderot foi indicado com D'Alembert como coeditor da *Encyclopédie*, Rousseau ficou encarregado de escrever a maioria dos verbetes sobre temas musicais e um outro sobre economia política. Em 1749, depois de publicar a *Carta sobre os cegos*, Diderot ficou detido por um curto período na prisão de Vincennes, onde Rousseau ia visitá-lo quase todos os dias, implorando às autoridades que soltassem o amigo. Foi numa dessas vezes, quando estava indo de seu alojamento em Paris até a prisão, que ele viu o anúncio de um concurso de ensaios sobre as ciências e as artes e sua influência moral sobre a humanidade, que mudaria os rumos de sua vida. De início,

Diderot dividiu o entusiasmo de Rousseau pelos argumentos contra a civilização que formam o primeiro *Discurso*, mas só porque lhe agradava a ideia provocativa de que um importante colaborador de seu dicionário de artes e ciências também iria desacreditá-las. Depois Diderot viria a desenvolver ideias morais próprias, radicais, algumas delas muito parecidas com as de Rousseau, mas sempre defendendo um ponto que este negava: que o avanço do conhecimento e da cultura leva ao aperfeiçoamento da conduta e do comportamento humano, desde que derive de uma curiosidade autêntica compatível com a natureza do homem.

A permanência de Rousseau em Paris tinha sido interrompida por um breve período, quando foi nomeado como secretário do embaixador francês em Veneza, em 1743-44. Quando jovem, ele já tinha visitado Turim e lá aprendeu o italiano, apreciando a música italiana, que ouvia assiduamente, com um enorme entusiasmo por sua espontaneidade e simplicidade que nunca seria dedicado ao refinamento das texturas musicais francesas. Em Turim, as magníficas execuções orquestrais que acompanhavam a liturgia da missa lhe pareceram muito mais atraentes do que os austeros salmos que se faziam passar por música nas igrejas de Genebra, e em Veneza ele também se entusiasmou pela música laica e popular, que embebia seus sentidos com melodias dos palcos e também das ruas e tavernas. Mais tarde, voltando a Paris, ele iria manifestar maior apreço pela ópera italiana do que pela francesa, argumentando que a língua francesa não se prestava tanto à expressão musical e que geralmente o estilo francês da música cantada não tinha uma linha melódica clara, sendo sobrecarregado de enfeites e ornamentos harmônicos superficiais.

Em meados do século, sua discussão com Rameau, o principal compositor e teórico musical da França naquela época, girava justamente em torno dessas questões, e sua *Carta sobre a música francesa*, de 1753, pela qual ele seria enforcado em efígie por suas reflexões sobre a música terem sido condenadas por sedição, viria a se revelar uma de suas

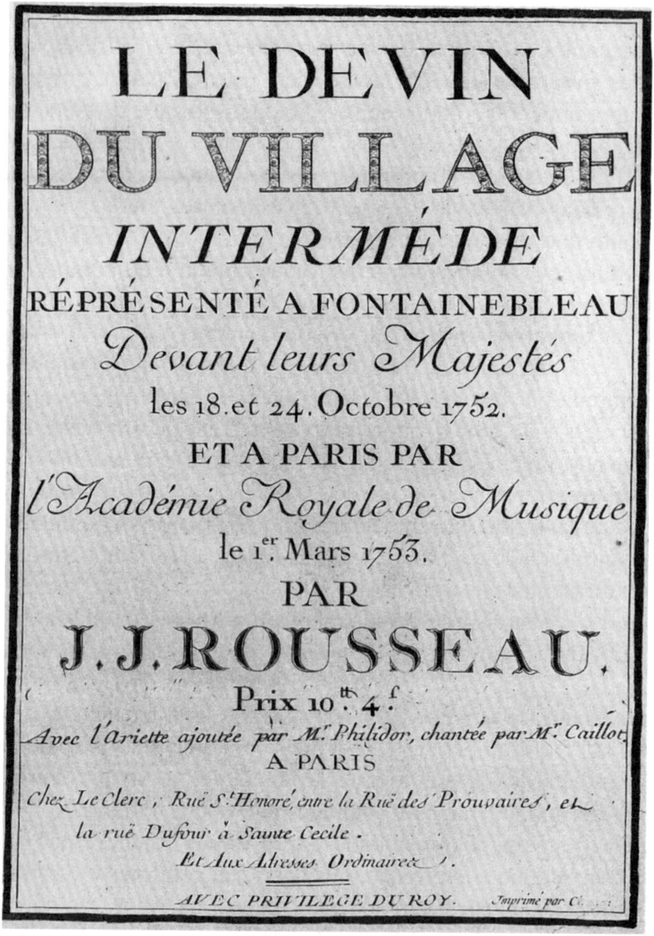

LE DEVIN
DU VILLAGE
INTERMÉDE
RÉPRÉSENTÉ A FONTAINEBLEAU
Devant leurs Majestés
les 18. et 24. Octobre 1752.
ET A PARIS PAR
l'Académie Royale de Musique
le 1er. Mars 1753.
PAR
J. J. ROUSSEAU.
Prix 10 lt. 4 s.
Avec l'Ariette ajoutée par Mr. Philidor, chantée par Mr. Caillot.
A PARIS
Chez Le Clerc, Ruë St. Honoré, entre la Ruë des Prouvaires, et la ruë Dufour à Sainte Cecile.
Et Aux Adresses Ordinaires.
AVEC PRIVILEGE DU ROY. Imprimé par C.

3. Página de rosto gravada de *Le Devin du village* (Paris, 1753).

obras mais incendiárias, e a única, segundo afirma nas *Confissões* (P i 384; C 358), capaz de deter uma revolta política na França. A monarquia havia expulsado os magistrados do *Parlement* de Paris em novembro daquele ano, gerando uma crise nacional que também envolvia o conflito entre jansenistas e jesuítas. Houve um enorme tumulto, mas não, afirma Rousseau, tão grande quanto o que fora provocado por seu texto sobre música, assim evitando uma potencial revolução contra o Estado, que se converteu numa revolução contra ele. Paradoxalmente, a *Carta sobre a música francesa* foi seu único texto a conquistar aprovação quase unânime dos *philosophes*, que abraçaram a causa da música italiana praticamente com o mesmo fervor. Em 1752, Rousseau compôs uma ópera, *Le Devin du village* ou *O adivinho da aldeia*, que montou em estilo italiano e veio a ser admirada e até imitada, além de superada em qualidade, por Gluck e Mozart. Quando publicou seu *Dicionário de música* em 1767, que era em boa medida uma edição aumentada de seus verbetes na *Encyclopédie*, Rousseau desenvolveu suas ideias anteriores sobre a música e a ópera em maiores detalhes do que nunca. Já no *Ensaio sobre a origem das línguas*, redigido em grande parte no começo dos anos 1760, ele conseguiu conjugar essas ideias com sua filosofia da história, atribuindo maior vitalidade musical ao latim clássico comparado ao francês contemporâneo, e maior virtude e liberdade aos cidadãos das repúblicas antigas, que, segundo ele, expressavam seus sentimentos de fraternidade numa canção de textura aberta que deixara de predominar entre os súditos modernos do governo monárquico.

Nas *Confissões*, Rousseau comenta que em Veneza também descobriu que "Tudo se atém radicalmente à política", e assim, sob todos os aspectos, "um povo não é senão o que a natureza de seu governo faz dele" (P i 404; C 377). Para ele, a humanidade não era má por natureza, mas passava a sê-lo sob governos ruins que geravam o vício. Se tudo depende da política, o caráter íntegro de seus conterrâneos genebrinos, de um lado, e a corrupção moral da república veneziana outrora ilustre, de outro, poderiam ser rastreados até a mesma fonte. Depois de passar algum tempo em Veneza e voltar a Paris, a capital da maior monarquia da época, Rousseau estava em condições de comparar as contribuições de três regimes muito diferentes, cada qual responsável por moldar o caráter do próprio povo. A primeira oportunidade de reunir suas ideias sobre a decadência da cultura e as raízes políticas do vício surgiu em 1749, ao escrever o *Discurso sobre as ciências e as artes*. Aqui ele sustenta que, enquanto nossos antepassados tinham sido robustos, agora o excesso de luxo com que se alimenta o Iluminismo consumiu nossa vitalidade e nos fez escravos das armadilhas da cultura. Esparta foi uma nação duradoura porque não se adornava de ciências e artes, ao passo que Atenas, o Estado mais civilizado da antiguidade, foi incapaz de deter sua queda no despotismo, e a grandeza crescente de Roma e outros impérios veio acompanhada pela decadência de sua força política e militar. Por toda parte, observa Rousseau, "as artes, letras e ciências se tecem como guirlandas de flores em volta das correntes de ferro que subjugam [os homens]" (P iii 7; G 6). Mais do que qualquer outro tema de seus escritos posteriores, este princípio – o *savoir* nasce do *pouvoir* – iria se manter como pedra fundamental de sua filosofia. Inspirado pelos sofistas antigos e reformulado por Marx e Nietzsche, também se tornaria um postulado central da crítica pós-modernista à era do Iluminismo em geral.

Este primeiro dos dois *Discursos* de Rousseau ganhou o prêmio literário do concurso em que havia se inscrito, e, pelo alvoroço despertado, quase da noite para o dia ele se transformou de obscuro homem de letras perto da meia-idade no mais celebrado crítico da civilização moderna. Um dos principais fatores dessa notoriedade foi ter invertido uma concepção setecentista corrente sobre a luta épica entre o vício e a virtude. Voltaire falava em nome de muitos esclarecidos de sua época quando, nas *Cartas filosóficas* e outros escritos, associava a virtude ao avanço do saber e da ciência e apresentava o aprimoramento progressivo da conduta humana à luz do lento despertar da Europa moderna saindo das trevas da superstição e ignorância dos séculos anteriores. Diderot e D'Alembert também concebiam a *Encyclopédie* em termos muito parecidos. Rousseau, pelo contrário, apareceu enaltecendo os méritos de uma idade de ouro bárbara, da qual a humanidade caíra e se desgraçara pelo desejo idólatra de saber. Assim, não só dava a impressão de louvar a selvageria em detrimento da cultura, mas também, a seus contemporâneos esclarecidos, parecia ter esquecido que a principal fonte de miséria e desespero no mundo da época, a Igreja cristã, extraía o poder do mesmo misticismo reforçado pela ignorância que ele aplaudia no mundo antigo. Voltaire e seus seguidores criticavam essa noção de inocência inculta, e acusavam Rousseau de ter abandonado as causas da reforma política e religiosa, às quais deveria se alinhar para evitar o retorno a um estado bruto de ignorância. Essa avaliação de sua teoria da natureza humana era equivocada sob muitos aspectos, mas de fato dava o devido peso a um dos postulados centrais de sua filosofia – que muitas vezes ele admitiu ser o fio condutor de suas obras –, a saber, que nosso Criador fez todas as coisas boas, ao passo que tudo o que foi feito pelo homem era corrupto e depravado. Para Rousseau, o mal era o resultado típico da atividade humana, se não o objetivo constante dos desígnios humanos.

No começo dos anos 1750, ele estava concentrado principalmente nos textos sobre música e na resposta às objeções de alguns críticos de seu *Discurso sobre as ciências e as artes*. Tinha uma certa dívida para com quem conseguiu desviar sua atenção do caráter degenerado da cultura, transferindo-a para a influência perniciosa dos fatores políticos e econômicos, pois corroboravam a verdade, como ele a via, de sua descoberta veneziana. No outono de 1753, Rousseau iria se lançar a uma nova versão mais elaborada de sua filosofia da história, na qual a responsável por nossa corrupção moral seria a busca da desigualdade, mais do que a ambição do luxo. Nessa versão, ele montaria as relações de autoridade em torno da instituição da propriedade privada como causa principal da decadência da humanidade. A apropriação publicamente autorizada da terra por alguns em detrimento dos demais teria levado à instauração da sociedade civil por meio da fraude e da injustiça – assim afirma Rousseau em seu *Discurso sobre a origem e os fundamentos da desigual-*

dade entre os homens de 1755, em que ele apresenta essa tese como uma história hipotética da espécie humana, procurando também explicar a gênese social da família e da agricultura, descrevendo as origens dos vários tipos de governo em termos da distribuição desigual da propriedade privada que lhes dava sustentação.

Nessa reconstrução hipotética do passado, Rousseau faz várias observações importantes para sua teoria social e política, que não havia enunciado antes. Sua nova ênfase sobre a instituição da propriedade privada – e não sobre a busca de cultura e saber – como fonte primordial de nossa corrupção moral pretendia contestar o que, para ele, eram as bases da jurisprudência moderna, de Grotius e Hobbes a Pufendorf e Locke. Nenhum outro pensador do Iluminismo enfrentou essa tradição de maneira tão frontal quanto Rousseau no segundo *Discurso*, e nenhum outro crítico setecentista das noções anteriores da natureza humana apresentou uma concepção tão densa da metamorfose evolutiva de nossas características sociáveis. Além disso, a abstração do homem primitivo a partir do homem civilizado se dava, nessa obra de Rousseau, a partir de uma dicotomia entre nossos atributos físicos e morais que não havia formulado anteriormente. Agora ele insistia que a moral não brotava da natureza humana, e sim da desnaturação do homem em sociedade, com as desigualdades marcantes que moldavam nossas vidas de uma maneira absolutamente diferente das variações naturais insignificantes que existem entre nós. Assim, afirma ele no *Discurso sobre a desigualdade*, longe de manifestar o que havia de melhor e estava latente na natureza humana, a instauração da propriedade privada o deformara, convertendo a busca da honra e da estima pública numa forma ignóbil e desestimulante de rivalidade. O retrato hipotético de nossos traços originais, que aqui ele apresenta pela primeira vez, na verdade aproximava o selvagem mais de outros animais do que do homem civilizado, dando a Rousseau ocasião de especular sobre temas zoológicos e nossas diferenças em relação aos macacos e outros primatas. Ele passara a crer que a humanidade era, para o bem e para o mal, a única espécie do mundo natural capaz de fazer sua própria história, e o abuso de nossas capacidades determinara que, em sociedade, tínhamos uma vida mais ansiosa e miserável do que todas as demais criaturas.

Com o tempo, o segundo *Discurso* viria a ter grande influência no desenvolvimento do pensamento europeu numa série de disciplinas, mas de início seu impacto nos leitores foi menos intenso do que o do *Discurso sobre as ciências e as artes* ou da *Carta sobre a música francesa*. Mas, para os *philosophes* a que ele se aliara antes, o texto confirmava e aumentava seus receios de que o primeiro *Discurso* era uma profissão de fé autêntica e não seria mais possível vê-lo como um aliado do esclarecimento ou do progresso. A necessidade de se afastar de alguns de seus ex-amigos sem dúvida também ficou evidente para o próprio Rousseau, que nunca se sentira à vontade entre céticos e ateus. Seu fervor antiquado, disfarçado apenas por uma certa timidez em público, tinha sido inspirado parcialmente por Madame de Warens, e por sua vez parecia a alguns de seus amigos parisienses, e por fim ao próprio Diderot, prova de uma insuportável vaidade e arrogância.

Quando começou a ter atritos com seus companheiros em meados dos anos 1750, Rousseau dizia que não conseguia tolerar mais a complacência moral deles. De início pensou em voltar a Genebra, mas desistiu da ideia principalmente porque Voltaire decidira se mudar para lá. Preso duas vezes na Bastilha, Voltaire procurava apenas um refúgio onde pudesse dar andamento a suas atividades, com menores riscos à segurança pessoal e num ambiente mais acolhedor do que o mundo do rei Frederico, o Grande, da Prússia, onde a preferência recaía sobre as baionetas mais do que sobre os livros. Mas Rousseau enxergou aí motivos escusos para essa invasão de sua cidade natal. Ele achava que Voltaire iria afetar os costumes simples de seus compatriotas e transformá-los nos costumes dos parisienses corruptos, de maneira que, se voltasse para a terra natal, enfrentaria os mesmos vícios que o levavam a fugir da França. Assim, Rousseau decidiu ir morar numa vila campestre, chamada *L'Ermitage*, logo ao norte de Paris na floresta de Montmorency, aceitando o convite que lhe fizera uma amiga de Diderot, Madame d'Épinay, a qual por algum tempo foi sua benfeitora e confidente mais próxima, vindo depois a se converter em sua inimiga, a mais feroz entre todos os que o conheciam de perto. Com sua chegada a *L'Ermitage* em 9 de abril de 1756, teve início seu desligamento de quase todos os *philosophes* a quem se unira desde o começo dos anos 1740. Logo iria brigar com Diderot, que havia escrito uma peça naquele período, *O filho natural*, que em parte abordava os males da solidão, e que Rousseau entendeu como uma afronta pessoal. Quando Voltaire, em 1756, escreveu seus poemas sobre a Lei da Natureza e o terremoto de Lisboa do ano anterior, onde zombava da fé cega na Providência e a tolice de crer que tudo era como deveria ser, Rousseau respondeu em sua chamada "Carta sobre a Providência" que Deus não era responsável pelo mal, e que o mundo do sofrimento humano, de que Voltaire reclamava, tinha sido feito apenas pelo homem. A réplica sarcástica de Voltaire a Rousseau (bem como a Leibniz e Pope) iria adotar a forma de um conto moral, a que deu o nome de *Cândido*.

Em 1758, Rousseau tinha realmente rompido todas as relações com os antigos colegas. Um ano antes, D'Alembert

4. Vista de *L'Ermitage*, gravura de Désiré a partir de Gautier.

havia escrito um longo artigo sobre Genebra para o sétimo volume da *Encyclopédie*, onde defendia a criação de um teatro na cidade, que incentivaria a cultura e assim contribuiria para o refinamento moral de seus cidadãos. Rousseau estava convencido de que Voltaire tinha conspirado com D'Alembert para redigir o ensaio e concebeu sua *Carta a D'Alembert sobre o teatro* tanto para refutar aquele usurpador de seu direito de nascença quanto para contestar o próprio D'Alembert. Desqualificou a arte do palco, dizendo-a imprópria para o espírito de fraternidade que antes prevalecia em sua cidade natal e que agora precisava ser restaurado. Assim como Platão tinha decidido expulsar de sua república virtuosa as belezas cativantes, mas artificiais, do mito homérico, da mesma forma Rousseau, em sua *Carta a D'Alembert*, queria preservar Genebra da sutilíssima ironia de Molière, que conseguia transformar magicamente a integridade piedosa em malícia hipócrita, com entretenimentos que usavam subterfúgios tortuosos, convertendo seus conterrâneos em espectadores extasiados diante de espetáculos com intenções escusas e, assim, roubando à nação o ardor natural e imediato de sua força própria.

Foi também no período imediatamente posterior à saída de Paris que Rousseau escreveu *Júlia, ou A nova Heloísa*, a obra literária mais popular da segunda metade do século XVIII na França. Esse romance epistolar sobre as atribulações do amor frustrado em conflito com o dever se inspirava em certa medida nos romances de Richardson e Prévost, e trazia algumas das passagens mais líricas de Rousseau sobre o amor romântico, a sexualidade terna e a simplicidade rústica. Se *Cândido* foi, em parte, a resposta literária de Voltaire à sua "Carta sobre a Providência", o prefácio de *A nova Heloísa* pode ser visto como um pós-escrito à *Carta a D'Alembert* que Rousseau, na verdade, destinara a Voltaire. Escreve ele: "O teatro é necessário nas cidades grandes, e um povo corrupto precisa de seus romances. Testemunhei os costumes de minha época e publiquei essas cartas. Ah, se eu pudesse viver num século que me obrigasse a jogá-las fora!" (P ii 5; J 3).

5. Frontispício de Henry Fuseli para a obra *Remarks on the Writings and Conduct of J.J. Rousseau* (Londres, 1767), onde Rousseau aparece apontando Voltaire, montado sobre a humanidade, e a justiça e a liberdade na forca.

No mesmo período, Rousseau concluiu *Emílio*, quase da mesma extensão de *A nova Heloísa* e com a qual guarda algumas relações, porque, embora comece como um tratado sobre a educação, também termina como um romance. O primeiro livro da obra inicia com a apresentação de um princípio que Rousseau, nos meados dos anos 1750, passara a considerar como fonte principal de toda a sua filosofia: "Tudo é bom quando sai das mãos de nosso Criador; tudo se degenera quando é feito pela mão do homem" (P iv 245; E 37). O tema central de *Emílio* é concebido como um programa pedagógico mais consoante com a Natureza do que com a arte, permitindo que os impulsos da criança se desenvolvam no momento certo, sem os forçar, sem os moldar em idade precoce e sem os submeter a controles externos, como preceitos ou instruções.

Aqui Rousseau apresenta uma explicação genética do crescimento espiritual do indivíduo segundo uma linha que reflete sua posição evolucionista do segundo *Discurso*, de nossa passagem do estado selvagem para a civilização, embora em *Emílio* ela seja exposta com imagens referentes aos sentimentos e à sexualidade, e não tanto à razão e à autoridade. Mas, no florescimento das faculdades da criança, a regra de que ela deve no princípio se basear apenas nas coisas e não nos homens oferece a perspectiva de uma educação totalmente diferente da que teria levado à corrupção da humanidade nos tempos de outrora. *Emílio* foi a primeira obra de Rousseau a indicar o caminho para uma forma de independência que os indivíduos ainda poderiam alcançar mesmo numa sociedade corrupta, escapando de seu domínio com o cultivo da autoconfiança. Nessa medida, a obra mostra um otimismo parcial e cauteloso quanto às perspectivas de um possível desenvolvimento da humanidade, o qual não ficava evidente nos escritos anteriores. Sem dúvida, essa mudança significativa se deve em parte ao fato de que o próprio Rousseau conseguiu se libertar das armadilhas da sociedade parisiense.

Segundo as *Confissões*, porém, o primeiro escrito a que ele se dedicou no novo lar foi o *Contrato social*, que já começara a planejar desde a época em que estava em Veneza, e que agora tinha decidido executar como seu texto mais elaborado. Entendemos melhor os princípios do verdadeiro contrato social contrapondo-os à sinistra fórmula do pacto exposta no segundo *Discurso* – um contrato social devidamente formulado não destruiria, e sim permitiria alcançar a verdadeira liberdade dos cidadãos, tornando-os iguais sob a lei, em vez de subordiná-los aos poderes políticos do momento. Aqui Rousseau declara que a liberdade e a igualdade, juntas, são os dois princípios que devem constituir os principais objetivos de qualquer sistema de legislação, e grande parte do *Contrato social* pretende explicar as razões disso. Já tendo estabelecido as diferenças entre a esfera moral e política e a esfera natural e física de nossa existência, Rousseau agora discute as diversas formas de direito ou liberdade próprias de cada uma delas. Sem governo, afirma ele, as pessoas podem ser naturalmente livres, no sentido de não estar submetidas à vontade de outrem, mas essa liberdade está ligada apenas à satisfação de seus impulsos orgânicos. Apenas na sociedade política, que para se instaurar exige que abandonemos nossa liberdade natural, podemos realizar a liberdade civil ou moral, sendo que a civil nos põe na dependência de toda a comunidade e a moral nos coloca na obediência das leis que expressam nossa própria vontade coletiva. No *Contrato social*, Rousseau afirma que o Estado só pode ser instrumento de liberdade se todos os súditos são ao mesmo tempo soberanos, pois apenas neste caso é possível dizer que o povo governa a si mesmo. Somente quando todos os cidadãos do Estado participam diretamente da legislação, eles podem refrear conjuntamente o abuso de poder que alguns poderiam pretender. Enquanto vários contemporâneos seus, como Montesquieu e Voltaire, elogiavam os princípios liberais presentes na Constituição britânica, Rousseau, pelo contrário, por essas razões julgava o sistema parlamentarista inglês incompatível com a liberdade do eleitorado, ao delegar a soberania do povo a seus representantes.

Depois de publicar o *Contrato social*, Rousseau redigiu uma *Constituição para a Córsega* em 1765 e um ensaio sobre *O governo da Polônia* por volta de 1771, nos dois casos a pedido de cidadãos proeminentes desses regimes incipientes, que o convidaram a assumir o papel de legislador. Se a Córsega tivesse escapado à invasão e a Polônia à partilha, talvez o final do século XVIII pudesse ter presenciado como se aplicariam os princípios do *Contrato social* às constituições de Estados efetivamente existentes. Segundo Rousseau, sua intenção sempre fora unificar a teoria e a prática políticas, tal como posteriormente fariam seus admiradores da Revolução Francesa, ainda que de outra maneira. Contrapondo sua filosofia à de Platão e também à de Morus, ele dizia que não apresentara um ideal utópico transcendente. Pelo contrário, o *Contrato social* pretendia revelar os fundamentos teóricos de um objeto próximo e concreto, em particular a constituição de Genebra, e apenas porque essa constituição fora abandonada é que ele havia incorrido na fúria das atuais autoridades de seu Estado natal (P iii 810). Foi este um dos temas centrais de sua terceira grande obra basicamente dedicada à política, as *Cartas da montanha* de 1764.

Mas o aspecto do *Contrato social* que despertou a maior fúria pública em vida do autor foi o penúltimo capítulo, dedicado à religião civil. Aqui Rousseau destaca a importância de uma base não só política, mas também religiosa para nossas responsabilidades cívicas, segundo a qual os cidadãos cumprem e amam seu dever como uma questão de fé patriótica, que os une na devoção a uma Divindade onipotente, benévola e tolerante. Esse aspecto de seu pensamento, em parte inspirado em seu prezado Maquiavel, colocou Rousseau em conflito tanto com o sistema religioso e político da época quanto com muitos dos principais críticos desse sistema. Para os *philosophes* empenhados em reformar o *ancien régime*, o fanatismo religioso de Rousseau parecia mais uma traição ao Iluminismo e uma pérfida retomada da fé cega em pleno alvorecer da idade da razão. Por outro lado, sua explícita condenação da cristandade, que dizia ser mais própria para o governo tirânico, ofendia igualmente a Igreja e as autoridades políticas. Além disso, a "Profissão de fé do vigário saboiano" em *Emílio*, publicada quase em simultâneo com o *Contrato social*, trazia a exposição mais completa e veemente de sua filosofia da religião natural, contraposta à religião revelada, que incomodou ainda mais as autoridades.

Rousseau nunca se recuperaria realmente da censura das autoridades. *Emílio* e o *Contrato social* foram proibidos ou confiscados em Paris e queimados em Genebra. Obrigado a fugir de uma cidade e arriscando-se a ser preso na outra, em 1762 ele se viu na condição de fugitivo da justiça, surpreso com a veemência da reação oficial a declarações que julgava que seriam atribuídas a autênticos escrúpulos cristãos, ao contrário do ateísmo de tantos *philosophes*, e com a omissão inicial de seus compatriotas em vir em seu auxílio. Em maio

6. Retrato de Rousseau atribuído a Greuze.

de 1763, tendo encontrado refúgio temporário em Môtiers, perto de Neuchâtel, sob a jurisdição nominal de Frederico, o Grande, da Prússia, ele renunciou à sua cidadania genebrina. A partir daí Rousseau se tornou apátrida, muitas vezes forçado a viajar incógnito, à mercê de protetores cuja verdadeira intenção, por vezes suspeitava ele, era difamá-lo e apanhá-lo numa armadilha. Um desses era David Hume, que em janeiro de 1766 acompanhou pessoalmente Rousseau à Inglaterra, onde este permaneceu quase dezoito meses, principalmente em Wootton, em Staffordshire – naquela época, tomado de suspeitas de uma conspiração internacional para lançar descrédito a seu caráter, causou grande aflição a si e muito desconforto a Hume. A efetiva perseguição se somou à paranoia que o afligia inegavelmente pelo menos desde os meados dos anos 1760. Rousseau passou o resto da vida convencido de que os antigos companheiros na vanguarda do Iluminismo – Diderot, D'Alembert, D'Holbach e Grimm –, com a ajuda de Voltaire e seus amigos da aristocracia, que sempre o detestaram, tinham se aliado a seus inimigos políticos, numa gigantesca rede conspiratória contra ele. Voltando à França com o compromisso de não publicar mais nada, ele só encontrou alívio na solidão, no estudo da botânica e numa comunhão lírica e romântica com a Natureza, conforme relata em sua última grande obra, que alguns leitores consideram como sua obra-prima máxima, *Devaneios*, que seria publicada postumamente com a primeira parte de suas *Confissões*. Em 1778, logo depois de seguir novamente para um refúgio ao norte de Paris, em Ermenonville, oferecido pelo marquês de Girardin, Rousseau morreu de apoplexia, "sem dizer uma única palavra", segundo a viúva (L 8344), contrariando insinuações infundadas de que se suicidara.

No entanto, mesmo que tenha se afastado dos pensadores da corrente dominante do Iluminismo, Rousseau também contava com inúmeros adeptos fervorosos em toda a França e entre círculos radicais de Genebra, e sobretudo talvez nas periferias da Europa esclarecida – a Itália, a Escócia e a Alemanha, onde Kant e Goethe seriam seus admiradores mais célebres ao longo de uma ou duas gerações. Durante a Revolução Francesa, em especial, quando o manuscrito de suas *Confissões* foi apresentado à Convenção e houve a cerimônia de translado de seu corpo para Paris, a influência de Rousseau sobre a vida e o pensamento do século XVIII estava no auge. Nenhuma outra figura da época havia expressado com maior clareza o compromisso dos revolucionários com os princípios da liberdade, igualdade e fraternidade, nem uma devoção mais profunda ao ideal da soberania popular, cuja adoção na França marcou o fim do *ancien régime*. Sobretudo na carreira política do Incorruptível Robespierre – em sua oposição ao mundo sacerdotal e à teologia dos padres, em seu patriotismo e promoção do Culto do Ser Supremo – encontra-se a manifestação concreta mais fervorosa das doutrinas de Rousseau, além de muitos outros aspectos. Rousseau, pessoalmente, jamais defendera a revolução: ele considerava a revolta política como um remédio pior do que a doença que pretendia curar e não alimentava muitas esperanças quanto à salvação política da humanidade. Mas previu a crise iminente da Europa e o advento de uma época revolucionária, na esperança de ser possível evitá-la. Todavia, quando a Revolução Francesa se iniciou, dez anos após sua morte, muitos de seus líderes redigiram programas e constituições à luz candente da filosofia de Rousseau. Devido a essa relação, quando a Revolução saiu dos eixos, dando origem primeiro ao Terror jacobino, depois ao bonapartismo e, segundo seus críticos, finalmente ao totalitarismo moderno em geral, Rousseau veio a ser denunciado como o mais abominável pensador de todo o século XVIII.

Capítulo 2

A cultura, a música e a corrupção dos costumes

Rousseau conta em suas *Confissões* que se sentiu estupefato ao ler a notícia da Academia de Dijon no *Mercure de France* de outubro de 1749, que anunciava um concurso para o melhor ensaio sobre a pergunta "O progresso das ciências e das artes contribuiu para corromper ou para purificar os costumes?". "No instante dessa leitura, vi um outro universo e me tornei um outro homem", escreve ele (P i 351; C 327). Rousseau parou ao pé de uma árvore para recobrar o fôlego, quase delirando à visão fulgurante da bondade natural da humanidade e as malignas contradições de nossa ordem social, visão esta que lhe acendeu no espírito a maioria das ideias centrais de suas futuras obras, ainda que nunca mais viesse a captá-la novamente, restando apenas uma débil sombra. E, embora o *Discurso sobre as ciências e as artes* seja sua expressão mais imediata, com o tempo Rousseau veio a considerá-lo como o pior texto entre seus principais escritos. Segundo ele, essa dissertação, que deu início à sua carreira literária, não tinha ordem, nem lógica ou estrutura e, embora ardente e vigorosa, era seu texto mais fraco e menos elegante (P i 352; C 328-9). E, como logo notariam seus detratores, também o menos original.

O tema central é que a civilização foi a perdição da humanidade, e que o progresso de nossas ciências e artes vem acompanhado pela corrupção de nossos costumes. Antes que adquiríssemos as habilidades e atributos de homens cultivados e antes que nosso modo de vida viesse a ser moldado por falsos valores e necessidades supérfluas, nossos costumes eram "rústicos, porém naturais". Com o nascimento e a disseminação do saber, contudo, nossa pureza original sofreu uma degradação progressiva sob o império do prazer e dos hábitos sofisticados, com o "véu pérfido da polidez" e "todos os ornamentos degenerados" da moda, até que nossa virtude prístina desapareceu como que levada por uma torrente (P iii 8; G 7-9, 20). Segundo Rousseau, não podemos senão deplorar a perda da simplicidade daqueles primeiros tempos, quando nossos ancestrais viviam em choças e queriam apenas a aprovação dos deuses. No começo, os únicos adornos do mundo eram entalhados pela própria Natureza, e desde então as civilizações que continuam mais próximas a ela, menos submetidas às armadilhas da cultura e do saber, são as que se mostram mais vigorosas e robustas. Nossas ciências e artes, observa Rousseau, não inspiram coragem ou patriotismo aos indivíduos; pelo contrário, elas lhes sugam a seiva da devoção ao Estado e a força de protegê-lo contra invasões. Visto que os maravilhosos inventos dos chineses não impediram que fossem submetidos pelos tártaros rudes e ignorantes, é evidente que a erudição de seus sábios foi inútil. Por outro lado, os persas, que dominavam melhor a virtude do que a ciência, tiveram facilidade em conquistar a Ásia, ao passo que a grandeza das nações dos germanos e dos citas se baseava solidamente na simplicidade, na inocência e no patriotismo de seus habitantes (P iii 11, 22; G 10-11, 20).

Acima de tudo, a história de Esparta, comparada à de Atenas, demonstra como as comunidades que foram poupadas dos fúteis monumentos da cultura são muito mais duradouras e resistentes aos vícios da tirania. Sócrates, o homem mais sábio de Atenas, alertou seus concidadãos quanto às perigosas consequências de sua arrogância, e mais tarde, em Roma, Catão seguiu seu exemplo e investiu contra os prazeres deleteriamente sedutores da arte e da ostentação que debilitavam a vitalidade de seus conterrâneos. Mas tais alertas não foram ouvidos, e veio a prevalecer tanto em Atenas quanto em Roma uma forma de saber totalmente especiosa, em detrimento da disciplina militar, da produção agrícola e da vigilância política. Em especial a República romana, outrora templo da virtude, logo se transformou no teatro decadente do crime, lentamente agonizando sob o jugo com que antes submetera seus prisioneiros bárbaros. Um padrão muito semelhante de decadência também marcou a queda dos antigos impérios do Egito, Grécia e Constantinopla, acrescenta Rousseau, estabelecendo como regra geral que as grandes civilizações decaem sob o peso de seus avanços científicos e artísticos (P iii 10-14; G 9-13).

O primeiro *Discurso*, porém, não explica muito tais linhas de desenvolvimento e mal chega a apresentar como as ciências e as artes poderiam ter uma responsabilidade tão grande pela decadência moral do homem. Por um lado, sugere Rousseau, todas as nossas ciências se formaram a partir do ócio, e cada disciplina surgiu dos vícios gerados pela indolência – a astronomia da superstição, por exemplo, a geometria da avareza, a física da excessiva curiosidade. Por outro lado, nossas artes são em todos os lugares alimentadas pelo luxo, o qual nasce da preguiça e da vaidade dos homens. Rousseau apresenta o luxo como uma característica fundamental, pois, diz ele, o luxo raramente pode prosperar na ausência das artes e das ciências, enquanto estas nunca existem sem ele. De acordo com sua tese, é como se a dissolução dos costumes fosse consequência necessária do luxo, o qual, por sua vez, é nascido do ócio, sendo a escravização e a corrupção humana – traços tão característicos da história de todas as civilizações – apresentadas como o devido castigo por nossa arrogância em querer avançar além daquele estado de feliz ignorância no qual seria uma bênção permanecer para todo o sempre (P iii 15, 17-19; G 14, 16-17, 20).

Em todos esses aspectos, o *Discurso sobre as ciências e as artes* traz a primeira grande proposição de filosofia da história – de que nosso aparente avanço cultural e social tem levado apenas à nossa real degradação moral – que Rousseau iria desenvolver como um dos temas mais centrais de sua obra. Mas, no primeiro *Discurso*, essa filosofia da história ainda aparece de maneira rudimentar e obscura, composta, por assim dizer, de pelo menos três teses distintas sobre o curso e as condições de nossa corrupção: primeiro, a sugestão de que a humanidade decaiu gradualmente da inocência de seu estado primordial; segundo, a afirmativa de que

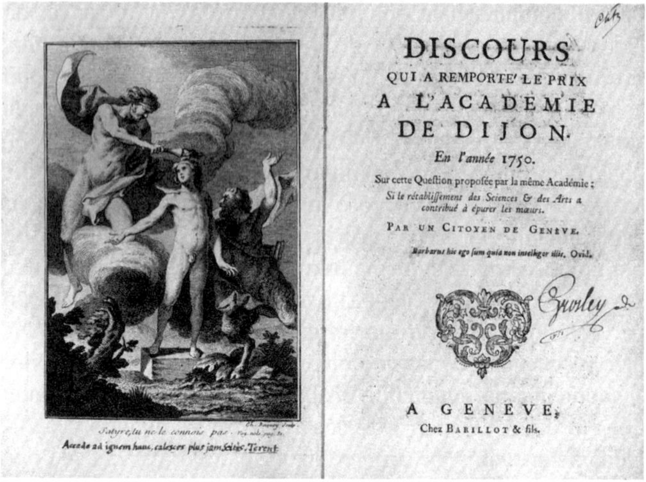
DISCOURS
QUI A REMPORTÉ LE PRIX
A L'ACADEMIE
DE DIJON.
En l'année 1750.
Sur cette Question proposée par la même Académie : Si le rétablissement des Sciences & des Arts a contribué à épurer les mœurs.
PAR UN CITOYEN DE GENEVE.
Barbarus hic ego sum quia non intelligor illis. Ovid.
A GENEVE,
Chez Barillot & fils.

7. Frontispício e página de rosto do *Discours sur les sciences et les arts (1750).*

as nações artística e cientificamente subdesenvolvidas são moralmente superiores às nações mais refinadas; terceiro, o argumento de que as grandes civilizações entraram em decadência sob o peso do próprio avanço cultural. Para os leitores, essas proposições não pareciam se coadunar muito bem entre si, sobretudo porque o tributo que Rousseau presta ao modo de vida do homem primitivo, de um lado, e à civilização robusta que se segue à sociedade selvagem, de outro, vem acoplado à sua outra proposição – muito em voga no Iluminismo – de que a história humana foi interrompida por um retorno a um estado pior do que o de nossa ignorância original, durante muitos séculos de superstição e barbárie medieval. No final do texto, Rousseau chega a lançar uma tese inteiramente nova, sustentando que, de fato, não são as ciências e as artes em si que originaram nossos infortúnios, e sim o abuso delas por parte de pessoas sem maiores talentos, e na verdade ele conclui o ensaio observando que aos grandes cientistas e artistas deveria caber a tarefa de erguer monumentos à glória do espírito humano. E exclama que nós, os comuns dos mortais, não deveríamos aspirar a nada além da obscuridade e da mediocridade a que fomos destinados. É difícil entender por que Rousseau considerou que tais posições seriam adequadas a uma crítica das ciências e das artes e a uma defesa das virtudes da ignorância, da inocência e da capacidade média dos homens (P iii 6, 29-30; G 6, 20, 27-8).

Ele tampouco foi claro sobre a exata natureza da contribuição que o avanço cultural havia dado à nossa decadência. Sua tese parecia ser muito simplesmente que o avanço das ciências e das artes era responsável pela degradação dos costumes, mas também postulava que as ciências e as artes eram alimentadas pela indolência, pela vaidade e pelo luxo a que os homens aspiram e alguns gozam. Então o avanço da cultura foi causa ou efeito de nossa corrupção? Parece que Rousseau, cujo interesse principal no texto é mostrar os males que derivam invariavelmente da busca do saber e da cultura, mas proclamando ao mesmo tempo que nossas ciências e artes se originam de nossos vícios (P iii, 19; G 16, 18), foi incapaz de se decidir a respeito.

Uma das razões dessa sua indecisão pode ser o fato de ter tomado de empréstimo inúmeros traços de sua argumentação a pensadores anteriores, como Montesquieu, Fénelon, Montaigne, Sêneca, Platão e acima de tudo Plutarco, cujos escritos lera extensamente e cujos comentários sobre a superioridade da natureza em relação ao artifício, o peso opressor da desigualdade e a decadência da civilização foram amplamente endossados ou recapitulados no primeiro *Discurso*. Mais tarde, Diderot comentaria em seu *Ensaio sobre os reinados de Cláudio e Nero* que "antes de Rousseau já fora feita uma centena de apologias à ignorância em oposição ao progresso das ciências e das artes", e sem dúvida ele tinha razão. Mas a falta de originalidade do primeiro *Discurso* não se resume a apresentar uma influência geral de outras obras na mesma linha, às quais Rousseau recorreu para se guiar, nem a se basear com clareza em fontes secundárias – por exemplo, sua descrição dos citas provinha essencialmente de Horácio, a apresentação dos germanos de Tácito, o retrato

8. Retrato de Diderot por Van Loo.

dos persas de Montaigne, a contraposição entre Esparta e Atenas de inúmeros autores, mas em especial de Bossuet e do historiador Charles Rollin. O caráter derivativo do texto se deve acima de tudo ao fato de que as próprias palavras que Rousseau utiliza para exprimir suas principais ideias eram amiúde tomadas a essas fontes de autoridade.

Afora as numerosas referências às fontes explicitamente citadas, há pelo menos uma passagem no *Discurso sobre as ciências e as artes* que foi extraída, sem os créditos, do *Espírito das Leis* de Montesquieu e uma transcrição sem atribuição do *Discurso sobre a história universal* de Bossuet; há vários trechos das *Vidas* de Plutarco e mais de quinze passagens dos *Ensaios* de Montaigne, apenas poucos mencionando a fonte, enquanto a última linha do ensaio é uma adaptação de Plutarco e Montaigne reunidos. Dom Joseph Cajot, na obra *Plágios de Rousseau* publicada em 1766, pode ter sido demasiado severo – e em inúmeros casos incorreto –, mas permanece o fato de que o *Discurso sobre as ciências e as artes* é a única obra de Rousseau que dá margem a tais suspeitas. Apesar do tom e do teor polêmico do ensaio, ele não se dirige contra nenhuma outra obra específica, e ao que parece Rousseau recorreu a suas fontes mais para sumariá-las do que para emprestar peso às próprias ideias. A diferença entre o primeiro e o segundo *Discurso*, sob este aspecto, não poderia ser maior, visto que no *Discurso sobre a origem da desigualdade* o autor se lança a uma refutação da maioria dos autores mencionados no texto, enquanto no *Discurso sobre as ciências e as artes* ele havia praticamente se limitado a reproduzir, embora talvez numa linguagem pessoal mais vigorosa, as várias concepções já apresentadas por precursores. Sua primeira grande obra anuncia uma filosofia da história a que se manteria fiel pelo resto da vida e que pelo menos seus contemporâneos vieram a reconhecer como o núcleo central de a doutrina. Foi o primeiro texto que Rousseau adornou com a assinatura de "Cidadão de Genebra", assim proclamando o orgulho por sua identidade e autoria. Embora tenha sido esse o ensaio a inaugurar sua carreira literária, no conjunto da obra é sua realização menos própria e pessoal.

Mesmo assim, o desenvolvimento de Rousseau como escritor deve muito ao debate que se acendeu em torno do *Discurso sobre as ciências e as artes*, logo após sua publicação, e que se manteve acalorado durante pelo menos três anos. Durante a controvérsia, tentando defender sua obra contra os críticos, ele reuniu, elaborou e refinou suas proposições originais de uma maneira que muitas vezes se afastava bastante da formulação original. Rousseau não procurou responder a todos os detratores, mas tentou refutar pelo menos seis críticas em particular que lhe chegaram ao conhecimento. Vários objetores o acusavam de não ter especificado o ponto exato em que se iniciava nossa decadência moral, com isso dando a impressão de preferir os séculos de barbárie na Europa ao posterior renascimento das ciências, e alguns apontaram sua falta geral de conhecimento, ao não entender a brutalidade dos antigos citas, ou sua desatenção ao fato de que alguns dos autores que elogiara, como Sêneca, acreditavam que a literatura, em vez de aviltar, pelo contrário aprimorava a virtude. Rousseau replicou a tais objeções, em particular numa "Carta ao Abbé Raynal", que sua intenção tinha sido apresentar uma tese geral sobre a ligação entre, de um lado, o avanço científico e artístico e, de outro lado, a decadência moral, e não rastrear o curso de um conjunto específico de eventos, de forma que esses críticos não haviam entendido o propósito da obra (P iii 31-2; G 29-30).

Rousseau avançaria muito mais nesse tema da generalidade no *Discurso sobre a origem da desigualdade*, onde transfere o foco das civilizações puras da antiguidade para a natureza do homem primordial e um estado da humanidade tão remoto que *nenhuma* pesquisa histórica poderia localizar suas verdadeiras características. Após a publicação do primeiro *Discurso*, Rousseau passaria a se preocupar cada vez mais com as fontes últimas de nossa decadência e menos com suas manifestações particulares nas diferentes culturas. Mas, paradoxalmente, conforme recuava para nosso passado mais distante, ele passou a extrair provas de um mundo cada vez mais contemporâneo, de fato povoado não pelos heróis e sábios da antiguidade, mas por selvagens que haviam até então escapado às misérias da história humana. Assim, em meados dos anos 1750, sua lealdade às venerandas *Vidas* de Plutarco veio a ser pelo menos contrabalançada por um novo entusiasmo pela *História geral das viagens*, a cargo do autor de *Manon Lescaut*, Abbé Prévost. Assim como as divisões que Rousseau enxergava entre a cultura e a natureza humana se tornavam mais agudas e profundas, da mesma forma se aguçavam e se aprofundavam seus argumentos para mostrar tais diferenças, e durante o desenvolvimento de sua teoria social inicial as deficiências de sua formação histórica logo seriam superadas pela amplitude e abrangência de suas análises especulativas da condição geral da humanidade como um todo.

Diversos críticos do primeiro *Discurso* também o acusavam de ressuscitar a nostálgica quimera de uma antiga idade de ouro, que existira no mito e na poesia, mas nunca na realidade. A esta objeção Rousseau retrucou, especialmente em sua resposta a Borde e seu *Discurso sobre as vantagens das artes e das ciências*, de 1751, que a ideia de uma antiga idade de ouro não era uma ilusão histórica, e sim uma abstração filosófica, não mais quimérica e não menos necessária para nossa autocompreensão e bem-estar do que o conceito de virtude (P iii 80; G 71). Não havia comparado épocas do presente e do passado de nossa história para defender o resgate de virtudes fictícias ou da inocência perdida da humanidade. Em duas de suas obras nascidas do primeiro *Discurso*, as "Observações" dirigidas ao rei Estanislau da Polônia e o prefácio à sua peça *Narciso*, ele observa que um povo, depois de se corromper, nunca poderá retornar a um estado virtuoso, tese esta que viria a subscrever por toda a vida. E sobretudo ficou ofendidíssimo com a sugestão, feita primeiramente pelo historiador e matemático Joseph Gautier, de que se tornara um defensor da ignorância, partidário de que se esmagasse a cultura e se incendiassem as bibliotecas. É claro que não devemos mergulhar a Europa de volta num estado de barbárie, respondeu ele, e tampouco advogava a aniquilação de nossas bibliotecas, academias ou universidades, e muito menos a destruição da própria sociedade (P ii 971-2; P iii 55-6, 95; G 50-1, 84-5, 103). O retorno a um estado natural é tão impossível ao homem civilizado quanto a recuperação da inocência ou a ignorância do vício. Após tais objeções ao *Discurso sobre as ciências e as artes*, Rousseau iria sempre frisar que o cidadão moralmente íntegro deve tentar se afirmar *neste* mundo, e não em algum paraíso imaginário antigo e remoto. A alternativa da solidão e comunhão com a Natureza, que Rousseau pessoalmente iria adotar no final da vida, não era a estratégia que ele recomendava aos súditos desencantados dos Estados modernos, e continuou inflexível defendendo que as implicações de suas ideias não eram utópicas nem violentas.

Rousseau se sentiu atingido pela força de algumas objeções levantadas pelos críticos e, à luz delas, em alguns casos, modificou ou abandonou alguns traços de sua teoria. Assim, quando o rei Estanislau questionou sua relação entre virtude e ignorância, argumentando que os homens incultos, que Rousseau aplaudia, às vezes eram mais brutais do que bondosos, ele aceitou a ressalva e propôs uma distinção entre duas formas de ignorância, uma delas odiosa e terrível, a outra modesta e pura (P iii 53-4; G 48-9). Mas, sem uma elaboração melhor dessa proposta, a réplica não seria muito convincente, e nos textos posteriores Rousseau se mostraria mais hesitante em atribuir a inocência moral dos primitivos à mera falta de conhecimento. O filósofo Charles Borde, com quem Rousseau tinha feito amizade no começo dos anos 1740, declarou que o autor do *Discurso sobre as ciências e as artes* também tinha sido imprudente ao louvar as façanhas militares dos povos não civilizados, cujas conquistas bárbaras demonstravam mais a injustiça do que a inocência deles. Rousseau logo concordou, admitindo que nosso destino natural não é a destruição mútua. Embora de início afirme que o gosto pela guerra para fins de conquista não equivale à disposição de lutar em defesa da liberdade (P iii 82; G 72), Rousseau nunca mais voltaria a retratar o ideal da bravura militar com as cores reluzentes que havia utilizado no primeiro *Discurso*. Ele não abandonou a crença, inspirada por Maquiavel, de que as liberdades da República romana tinham sido defendidas pela milícia dos cidadãos, mas no *Discurso sobre a origem da desigualdade* e outros escritos posteriores trataria todas as guerras como criminosas, assassinas, execráveis e – para os próprios combatentes – inúteis.

Assim, embora tenha feito algumas concessões a seus críticos, Rousseau usou as outras objeções de maneira mais profícua para desenvolver sua teoria. Foi o que ocorreu especialmente com suas réplicas às objeções de Estanislau e Borde, esclarecendo que a degradação moral do homem era de se atribuir mais ao excesso de riquezas do que ao saber, e com sua resposta ao argumento de Borde de que a decadência das nações só se devia, em última análise, a causas políticas. Nas "Observações", ele reconhece que diferentes costumes, fatores climáticos, leis, economias e governos (o que D'Alembert apontara quando criticou a tese de Rousseau em seu "Discurso preliminar" à *Encyclopédie* de 1751) teriam participado na formação dos traços morais dos povos (P iii 42-3; G 39), e a partir daí trataria mais diretamente da influência desses fatores. Em sua "Última resposta" a Borde, de 1752, por exemplo, Rousseau observa que o luxo, o qual havia condenado antes como a principal causa de nossa decadência, era em larga medida um resultado do declínio da agricultura no mundo moderno (P iii 79; G 70). No mesmo texto, e depois no prefácio a *Narciso*, ele destaca pela primeira vez em seus escritos a influência nefasta da propriedade privada. Na "Última resposta", Rousseau aborda sobretudo o conceito de propriedade e a divisão brutal da terra entre senhores e escravos, decorrente da aplicação prática daquele conceito, em boa medida para contestar a tese de Borde de que os homens no estado mais primitivo já teriam sido ferozes e agressivos. E exclama: "Antes que aquelas terríveis palavras *teu* e *meu* fossem inventadas, antes que existissem homens abomináveis a ponto de ansiar por superfluidades enquanto outros morrem de fome, gostaria de saber quais teriam sido os vícios de nossos ancestrais" (P iii 80, G 71). No prefácio a *Narciso*, por outro lado, ele se concentra no fato de que os atributos morais do selvagem eram muito superiores aos do europeu, porque os selvagens estavam isentos dos habituais vícios da cobiça, da inveja e da fraude que, no mundo civilizado, levaram os homens ao mútuo desprezo e à mútua inimizade. "A palavra *propriedade*", diz ele, "quase não tem significado entre os selvagens." "Eles não têm interesses conflitantes em torno dela; nada os impele a se fraudar mutuamente", como sempre fazem os homens civilizados por cobiça (P ii 969-70 n; G 101 n). Assim, nessas duas passagens dirigidas aos críticos do *Discurso sobre as ciências e as artes*, encontramos os primeiros enunciados da tese que Rousseau iria apresentar mais tarde como um desafio – naquela ocasião, à teoria da propriedade de Locke – no *Discurso sobre a origem da desigualdade*.

Agora Rousseau também começava a examinar mais de perto o papel dos fatores políticos. Como afirma no prefácio a *Narciso*, muitos autores já tinham descrito os males da sociedade contemporânea, mas apenas apontaram o problema, enquanto ele havia realmente revelado suas causas. A grande verdade que descobrira em 1753 era que, em última análise, todos os nossos vícios brotam não de nossa natureza, e sim da maneira como somos mal governados (P ii 969; G 101). Ele apresentaria o mesmo argumento dois anos depois, no *Discurso sobre economia política*, onde observa que "Os povos são, no longo termo, o que seus governos fazem deles" (P iii 251; S 13). E frisaria o mesmo ponto na década seguinte, na *Carta a Christophe de Beaumont*, onde afirma que a falsidade dos homens civilizados é efeito de nossa "ordem social", que exerce uma tirania constante sobre nossa natureza (P iv 966). E por volta de 1770 ele comentaria nas *Confissões* que já havia percebido a verdade desse princípio trinta anos antes, durante a estada em Veneza, quando conheceu as consequências pavorosas que os defeitos do governo daquela nação causavam no povo. Assim, o prefácio a *Narciso* contém a primeira apresentação de uma ideia que viria a ser trabalhada em vários contextos e diferentes formas, ocupando uma parte importante da vida e obra de Rousseau.

Quanto à contribuição da riqueza e dos bens materiais para nossa decadência moral, Rousseau logo mostrou que concordava apenas em parte com as ideias de Estanislau e Borde. Em vários escritos fragmentários do começo dos anos 1750, sobretudo um texto curto chamado "O luxo, o comércio e as artes", ele reconhece que a cupidez do homem é uma manifestação de seu desejo de se colocar acima dos semelhantes, e por isso a introdução do ouro nos assuntos humanos veio inevitavelmente acompanhada por uma distribuição desigual, de onde resultaram o vício da pobreza e a humilhação dos pobres sob o domínio dos ricos (P iii 522). Mas, mesmo reconhecendo o papel da acumulação de riquezas para a corrupção moral da humanidade, Rousseau insiste que não foi ela a causa principal de nossa decadência. Pelo contrário, como declara nas "Observações", a riqueza e a pobreza são termos relativos que mais refletem do que determinam o grau de desigualdade social. Reelaborando a genealogia dos vícios que tinha apresentado no primeiro *Discurso*, agora Rousseau propõe que esse lugar de honra na deplorável ordem de nossa corrupção deve caber à desigualdade, seguida pela riqueza, a qual, por sua vez, permitiu o crescimento do luxo e da indolência, que então deram origem de um lado às artes e de outro lado às ciências (P iii 49-50; G 45). Era uma nova versão do argumento, colocando as ciências e as artes por último, e não no começo, como supunham os críticos.

Podemos encontrar pelo menos uma parte das razões que levaram a tal mudança em seus conceitos nas "Observações" e no prefácio a *Narciso*, onde ele sugere que, embora o avanço da cultura seja responsável por todo um conjunto de vícios, é fundamentalmente nosso *desejo* de sobressair pelo saber, e não o trabalho dos doutos, que corrói nossos costumes na sociedade civilizada. Pois, afirma Rousseau, nossa busca da cultura acima de todas as outras coisas expressa nossa vontade de nos distinguir de nossos vizinhos e conterrâneos. Naqueles dois textos ele apresenta um breve comentário sobre "o furor pela distinção" que aparece no próprio *Discurso* inicial, lembrando talvez o grande impulso da contribuição fundamental de Fénelon à querela entre os antigos e os modernos, que fermentara na França mais de trinta anos antes, na virada do século XVIII. Não é tanto nosso apreço

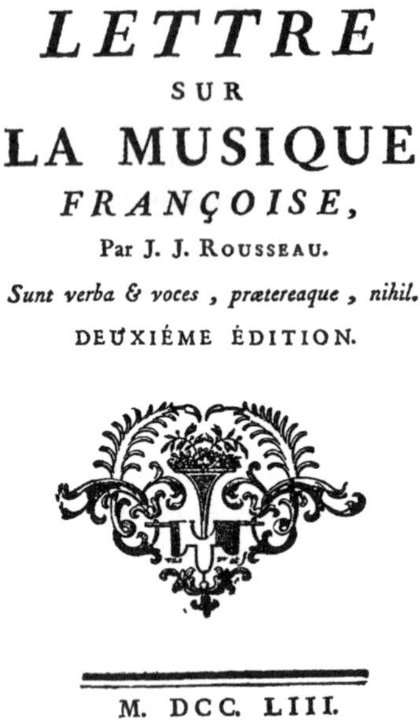
LETTRE
SUR
LA MUSIQUE
FRANÇOISE,
Par J. J. Rousseau.
Sunt verba & voces, prætereaque, nihil.
DEUXIÉME ÉDITION.

M. DCC. LIII.

9. Página de rosto da segunda edição da *Lettre sur la musique française (Paris, 1753).*

pela excelência, e sim nosso desejo de granjear o respeito dos outros que nos leva a criar os artefatos e instrumentos das sociedades avançadas, de maneira que a civilização parece ser apenas o resultado de nossas tentativas de estabelecer uma distribuição desigual da estima pública (P ii 965; P iii 19, 48; G 18, 43-4, 97). Rousseau argumenta que não é realmente possível existir a virtude moral, a menos que a distribuição individual do talento seja mais ou menos equitativa. A única salvaguarda que alguma vez tivemos contra a corrupção, afirma ele nas "Observações", foi aquela igualdade original, agora irrecuperavelmente perdida, que outrora preservava nossa inocência e era a verdadeira fonte da virtude (P iii 56; G 50-1). Assim, Rousseau conclui que nosso desejo de distinção nas ciências e nas artes é uma manifestação do sentimento artificial muito similar de querer dominar na política – sentimento a que logo dedicaria sua atenção no *Discurso sobre a origem da desigualdade*.

Portanto, em todos esses aspectos, as respostas de Rousseau aos críticos do *Discurso sobre as ciências e as artes* o levaram às linhas de argumentação mais políticas, sociais e econômicas que seguiria no segundo *Discurso* e em outros escritos. Mas ele nunca abandonou seus conceitos iniciais sobre a importância das ciências e artes como agentes causais da corrupção humana. Pelo contrário, durante todo o debate em torno do *Discurso sobre as ciências e as artes*, ele reafirma sistematicamente os mesmos pontos que sustentara no ensaio premiado, referentes às relações entre vaidade, indolência, luxo e cultura, mesmo quando amplia o argumento para abranger outros fatores. Um dos críticos, Claude-Nicolas Le Cat, professor de anatomia e cirurgia e secretário vitalício da Academia de Rouen, veio a oferecer a Rousseau toda uma nova frente para o desenvolvimento de suas ideias, ao desafiá-lo a especificar com mais clareza quais as áreas da cultura sujeitas a suas imputações. Naturalmente Rousseau não pretendia incluir a música entre aquelas artes e ciências que causaram nossa degradação, exclamou Le Cat, confiando que o principal colaborador da *Encyclopédie* sobre assuntos musicais deveria conhecer melhor do que ninguém o proveito e a utilidade dessa arte, a qual constituiria no mínimo uma exceção à sua tese geral.

Essa suposição de Le Cat não poderia estar mais longe da verdade. Em 1753, no auge da *Querelle des Bouffons*, a controvérsia sobre a *Serva padrona* de Pergolesi e a *opera buffa* italiana que dividiu os patronos do Opéra de Paris e a corte francesa em facções musicais, Rousseau escreveu sua *Carta sobre a música francesa*, que provocou uma torrente de protestos ainda maior do que o *Discurso sobre as ciências e as artes*, três anos antes. Aqui Rousseau sustenta que algumas línguas são mais próprias para a música do que outras, por causa de suas vogais mais melífluas, suas inflexões mais brandas e figuras de linguagem mais definidas. Segundo ele, essas línguas, em especial o italiano, prestam-se a claras entoações melódicas e expressões cantadas. Outras línguas, como o francês, são marcadas pela falta de vogais sonoras e pela presença de consoantes tão ásperas que se torna impossível cantar melodias agradáveis, e assim os compositores dos países de línguas com tais impedimentos da fala se veem obrigados a embelezar suas músicas com a estridência do acompanhamento harmônico. Assim, é impossível dar expressão verbal ao francês numa canção sem ornamentos e, conclui ele na última linha do texto, se o povo da França algum dia tentasse criar uma forma musical própria, tanto pior seria para ele. Na esteira desse texto provocador e desses comentários difamatórios, Rousseau sofreu inúmeras acusações de afronta ao gosto público. Se a *Carta sobre a música francesa* não levou a uma insurreição, fez com que ele aparecesse pela primeira vez na vida como inimigo do Estado francês. Como mais tarde reconheceria Voltaire, é ao comentar música que Rousseau se mostra mais incendiário politicamente.

Se Le Cat pudesse ter lido a seção dedicada àquele tema, que Rousseau redigiu originalmente como parte do *Discurso sobre a origem da desigualdade* e que depois apareceu postumamente em 1781, compondo dois capítulos do *Ensaio sobre a origem das línguas*, teria entendido por que a música não podia ser uma exceção à tese geral de Rousseau no *Discurso sobre as ciências e as artes*. Pelo contrário, segundo ele, era exatamente na história do desenvolvimento musical que a corrupção da moral humana se manifestava com maior nitidez. Como afirma ele no *Ensaio*, nossas primeiras línguas provavelmente nasceram nas regiões meridionais do mundo, onde o clima era ameno e a terra fértil. Devem ter sido rítmicas e melódicas, em poesia e não em prosa, cantadas e não faladas, de forma que essas primeiras expressões verbais de nossos ancestrais, em suas paixões impulsivas, deviam ser fascinantes (P v 407, 410-11, 416; G 278, 282, 287). Mas as línguas que depois surgiram nos climas inclementes do norte teriam de início expressado as necessidades, e não as paixões dos homens, e teriam sido menos sonoras e mais estridentes

(P v 380, 407-9; G 253, 279-81). Depois, com a conquista do mundo mediterrâneo sob uma onda de invasões bárbaras, a fala gutural de sílabas destacadas dos setentrionais deve ter prevalecido sobre as entonações melífluas que antes serviam para a expressão dos sentimentos humanos, e assim toda a suavidade, a cadência e a graça de nossas línguas originais teriam se perdido (P v 425-7; G 296-8). A dicção melódica teria desaparecido, afirma Rousseau, e nossa enunciação teria perdido gradualmente o encanto inicial. Sob o jugo do domínio bárbaro e do trabalho agrícola, a prosa repetitiva teria se sobreposto à canção poética, e com o surgimento da prosa as línguas, em especial as primeiras formas do francês, do inglês e do alemão, também teriam se tornado prosaicas (P v 392, 409; G 265, 280-1).

A música, por outro lado, teria se esvaziado de sentido devido à perda de seu componente semântico, apropriado pelas línguas em prosa, e teria vindo a se desenvolver apenas com a inovação gótica da harmonia, implantando padrões de acordes nas enunciações dos homens, resultando em prazeres artificiais em lugar dos prazeres naturais da canção vernácula. Sob tais pressões, a música teria se tornado mais instrumental do que vocal; e a medida dos intervalos teria substituído a delicadeza das inflexões melódicas (P v 424; G 295). A prosa viria a se refinar mais na escrita do que na fala, comunicada não com força expressiva, mas apenas com regras gramaticais exatas e um dicionário preciso dos termos, que teriam de ser consultados para determinar os próprios sentimentos (P v 386, 415; G 258, 286).

Como que respondendo ao questionamento de Le Cat sobre sua filosofia da história, Rousseau deu ao último capítulo do ensaio o título de "A relação das línguas com o governo". Aqui ele afirma que as línguas que se separaram da música são inimigas da liberdade. Uma retórica em prosa inspira maneiras servis, e a fala esvaziada de entonação e ritmo, diz ele, também esvazia os homens. As línguas da Europa moderna passaram a ser adequadas apenas para a fala a pequena distância, como as conversas vazias das pessoas que apenas trocam murmúrios em voz baixa, sem inflexão, e portanto sem espírito e sem paixão. Quando nossa fala sucumbiu à perda de seus traços musicais, viu-se privada de seu vigor e clareza original, quase se reduzindo aos débeis balbucios de pessoas sem força de caráter e de propósitos. E se tal é o aspecto privado de nossas línguas atuais, sua manifestação pública, segundo Rousseau, é ainda mais opressiva. Pois os homens que governam os outros, mas nada têm a dizer pessoalmente, pouco podem fazer perante um povo reunido além de gritar e pregar, em pronunciamentos retumbantes e ininteligíveis. As proclamações de nossos dirigentes e as súplicas de nossos padres ferem constantemente nossa sensibilidade e nos entorpecem, e no mundo moderno a única forma de oratória popular são discursos e sermões tortuosos, feitos por charlatães laicos e religiosos (P v 428-9; G 299).

Conclui Rousseau que, assim, a face pública e a face privada da língua nos dão um retrato bastante preciso da extrema degradação em que caíram nossas sociedades. A conversa se tornou dissimulada, o discurso político se tornou estéril, e todos nós só conseguimos manter nossa maneira original de falar tornando-nos ouvintes calados daqueles que comandam com diatribes e recitações do púlpito. Na verdade, como nem mesmo essas formas deturpadas de retórica são necessárias para nos manter em nossos devidos lugares, os dirigentes dos Estados modernos entenderam corretamente que podem conservar a autoridade sem convocar nenhuma assembleia ou reunião popular. Basta-lhes dirigir a atenção dos súditos para as inúmeras coisas que podem trocar entre si, afastando-os dos poucos pensamentos que ainda poderiam querer transmitir, de forma que as entonações orais que outrora haviam expressado nosso prazer agora foram reconstituídas como termos designando nossos afazeres. Se no passado as palavras *aimez-moi* devem ter sido substituídas por *aidez-moi*, agora a única coisa que falamos entre nós é *donnez de l'argent* (P v 408, 428; G 279, 298-9). No Livro iii, capítulo 15, do *Contrato social*, Rousseau iria em larga medida desenvolver o mesmo argumento, despido da dimensão musical, mas não da dimensão política.

Evidentemente, o *Ensaio sobre a origem das línguas* não deve ter se inspirado apenas na objeção de Le Cat ao *Discurso sobre as ciências e as artes*. Segundo o próprio Rousseau, de início o texto correspondia a uma seção do *Discurso sobre a origem da desigualdade*, que ele retirou por estar deslocado e ser longo demais; em 1775, colocou-o como apêndice a um estudo sobre o *Princípio da melodia*, redigido em parte como resposta às críticas de Rameau a seus artigos sobre música na *Encyclopédie*, vindo depois a retirá-lo mais uma vez. A ênfase do *Ensaio* sobre a prioridade da melodia sobre a harmonia na música é fundamental para o argumento de Rousseau contra Rameau, o qual havia insistido durante toda a vida na supremacia da harmonia, que explicava à luz de sua ideia inovadora do *baixo fundamental* de um corpo ressonante. Mas o tratamento da música e da língua que Rousseau utiliza no *Ensaio* também faz parte intrínseca de sua filosofia da história, e ilustra sua tese de que o progresso da civilização levou à corrupção dos costumes com uma riqueza maior do que ocorre em qualquer outra ciência ou arte tratada por ele. Para isso, ele enfrenta diretamente a contestação de Le Cat à sua tese original. Numa nota de sua "Última resposta" a Borde, Rousseau afirma que havia previsto e tratado antecipadamente todas as objeções plausíveis de seus críticos (P iii 71-2; G 64), mas com isso ele faz pouca justiça à engenhosidade das objeções e à sutileza de suas próprias réplicas, cujos temas mal se deixam perceber no texto original.

Pelo menos uma objeção ao primeiro *Discurso*, porém, ficaria sem resposta nos escritos iniciais de Rousseau. Um crítico anônimo – possivelmente Abbé Raynal, que mais tarde iria colaborar com Diderot e outros na compilação de uma grande *História das duas Índias* – reclamou que Rousseau não havia apresentado nenhuma conclusão prática de sua tese e não oferecera nenhuma solução para o problema descrito. Em sua "Última resposta" a Borde, Rousseau

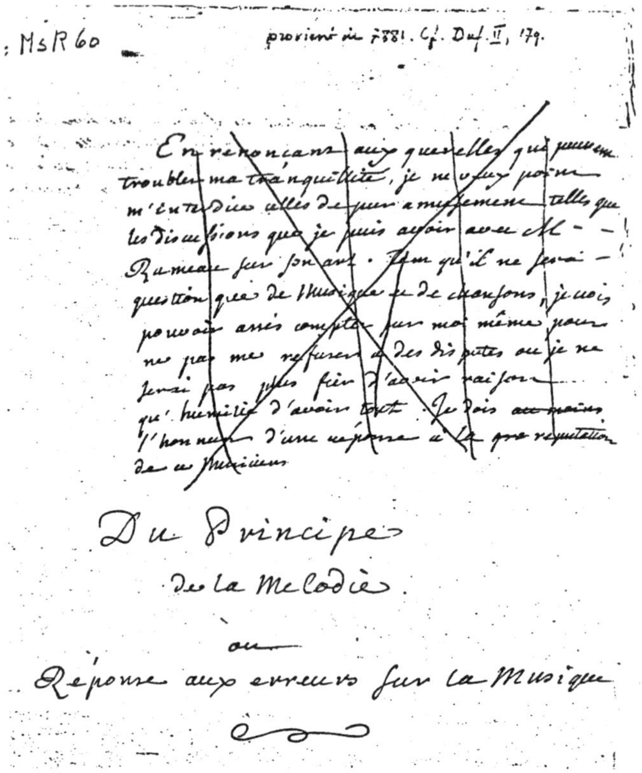

MsR 60

Du Principe de la Melodie ou Réponse aux erreurs sur la Musique

10. Página de rosto manuscrita de *Du principe de la mélodie*.

reconhece a validade dessa crítica e comenta apenas que vira o problema e tentara localizar a fonte. A busca de uma solução, afirma a essa altura da vida, era uma tarefa que teria de deixar a outrem (P iii 95; G 85). Não enfrentou o desafio no *Discurso sobre a origem da desigualdade* nem em qualquer outro escrito até meados dos anos 1750, mas não o abandonou por completo. Em algumas obras da mesma época ou logo a seguir, que não se destinavam à publicação, ele pôde permitir que sua imaginação se entregasse a devaneios políticos, que pareciam recomendar uma transformação radical, como no segundo capítulo do Livro I do *Manuscrito de*

Genebra, versão inicial do *Contrato social* que incluía a resposta a alguns comentários de Diderot na *Encyclopédie*, em que invoca a criação de "novas associações para corrigir... o defeito da sociedade em geral" (P iii 288; S 159). Mais tarde, na *Carta a D'Alembert* e na última versão do *Contrato social*, ao tentar instilar vida nova nos ideais de associação civil que haviam se perdido para a humanidade, Rousseau iria propor um conjunto de princípios que serviriam para elevar, em vez de degradar, nossos sentimentos morais, o que lhe valeu apenas para descobrir que as autoridades de sua Genebra natal e de sua França por adoção tinham se alarmado a ponto de considerar sua simples presença física como uma ameaça à ordem pública.

Capítulo 3

Natureza humana e sociedade civil

O *Discurso sobre a origem da desigualdade* é o texto mais importante e substancial da obra inicial de Rousseau e, junto com o *Contrato social* e *Emílio*, foi o que exerceu maior influência. No entanto, seu impacto sobre os leitores não foi tão imediato nem tão turbulento quanto a reação pública que recebera o *Discurso sobre as ciências e as artes* ou a *Carta sobre a música francesa*, visto que, à diferença do primeiro *Discurso*, o segundo *Discurso* não ganhou o prêmio do novo concurso da Academia de Dijon, no qual estava inscrito, e lhe faltava o tom de atualidade que havia na contribuição de Rousseau para a *Querelle des Bouffons*, a qual despertara vivas emoções entre os defensores da música italiana e os da música francesa, como também entre os políticos. Menos ornado com os floreios meramente retóricos desses textos anteriores, o segundo *Discurso* procede a uma análise mais aprofundada da civilização e suas armadilhas, com uma argumentação mais rigorosa e pela primeira vez numa linguagem política e social que marca o aparecimento da filosofia da história de Rousseau em sua forma mais madura. Embora tenha conquistado alguns elogios e atraído uma hostilidade ainda maior dos comentadores na França, provavelmente seu maior impacto foi de início na Escócia, onde Adam Smith em parte moldaria sua *Teoria dos sentimentos morais* como uma réplica ao ensaio de Rousseau, e lorde Monboddo montaria sua defesa da humanidade dos grandes primatas em *Origem e progresso da língua* à luz das proposições adotadas por ele. Na Alemanha, Kant em sua *Ideia de uma história universal do ponto de vista cosmopolita* e Herder em *Ideias para uma filosofia da história da humanidade* também se inspiraram nas doutrinas evolucionistas do texto – Kant sobretudo com a distinção entre o refinamento cultural e o cultivo moral, Herder em especial com a tese da formação social da língua.

Em nossa época, Claude Lévi-Strauss considerou esse ensaio de Rousseau como a contribuição inaugural do Iluminismo para a ciência da antropologia. Embora trate de uma antiguidade mais remota do que em qualquer escrito seu, ela veio a ser considerada a mais radical e progressista de todas as suas obras principais, com certeza pelo menos entre as que foram publicadas em vida.

Em parte, essa sua fama se deve à avaliação crítica de doutrinas políticas anteriores, inclusive conceitos antigos e modernos do direito natural e teorias contemporâneas do contrato social. Nesse ensaio, a filosofia da linguagem de Condillac e a história natural de Buffon recebem uma atenção detida e alguns temas são objeto de crítica, mas é sobretudo às ideias sociais e políticas de Hobbes, Pufendorf e Locke que Rousseau dedica um exame mais cerrado e críticas mais extensas. A seu ver, esses pensadores haviam dado uma explicação das origens da depravação humana em termos que, de modo geral, estavam corretos, mas eles não tinham entendido o verdadeiro significado de suas próprias ideias. Por um lado, tinham explicado como os homens no passado foram levados a aceitar instituições que os corromperam moralmente, mas, por outro lado, acreditavam que era dever de cada um defender tais instituições, pois ofereciam soluções para um outro problema – totalmente fictício, no entender de Rousseau. Ele refutou Hobbes, Pufendorf e Locke adotando basicamente as seguintes linhas de raciocínio.

No exórdio ao *Discurso*, ele sustenta que devem existir *dois* tipos de desigualdade entre os homens, o primeiro natural ou físico, e portanto além de nosso alcance, o outro moral ou político, que depende do arbítrio humano (P iii 131; G 131). Rousseau observa que não há nenhuma relação ou vínculo fundamental entre esses dois tipos de desigualdade, pois as pretensões de domínio levantadas pela minoria que governa a maioria só podem ter força quando são reconhecidas como legítimas, e esse reconhecimento é dado por algumas pessoas a outras, e não concedido pela Natureza. As divisões morais e políticas que prevalecem em todo o mundo, portanto, nunca

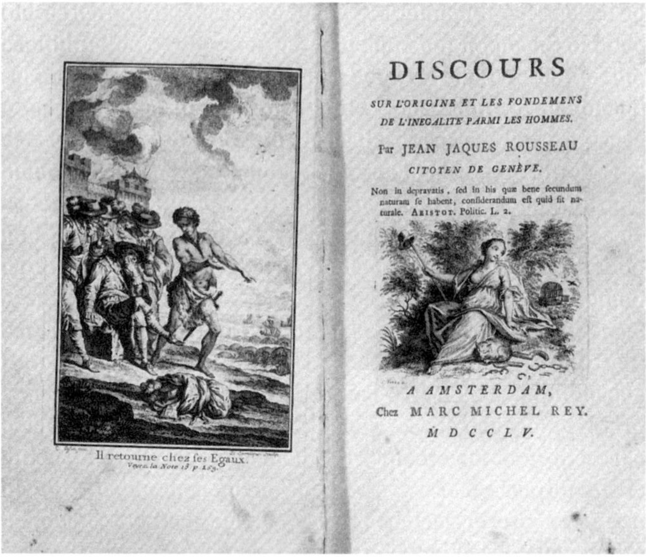

11. Frontispício ("Il retourne chez ses Egaux" – Ele retorna para seus iguais) e página de rosto do *Discours sur l'inégalité* (Amsterdam, 1755).

se justificam por alguma característica física que distingue os indivíduos entre si. Do contrário, o próprio uso da força poderia criar a obrigação de obedecer, e os homens, de certa forma, granjeariam o respeito dos semelhantes pela mesma razão pela qual lhes despertam medo. No *Contrato social*, Rousseau iria explicar mais demoradamente que a força não é o fundamento do direito, posição também adotada no *Discurso sobre a origem da desigualdade*. Tal como outros teóricos do contrato social, ele pensava que as regras que diferenciam as pessoas em sociedade só podem vir a prevalecer por meio do consentimento delas, isto é, como argumenta na Parte i do ensaio, as desigualdades criadas pela Natureza devem ter sido *transformadas* nessas outras desigualdades, impostas pelo homem (P iii 160-1; G 158).

Rousseau concebeu o tema central do segundo *Discurso* como um relato de como a espécie humana teria passado por essa transformação. Na medida em que nossos ancestrais, em seu estado natural, só mantinham contato esporádico e casual entre si, Rousseau afirma que as primeiras distinções entre os indivíduos não teriam sido de maior importância. As desigualdades criadas pelos próprios homens, porém, constituíram as características principais de cada comunidade (P iii 162, 193-4; G 159-60, 187-8). Em sua condição original, nossos ancestrais não teriam tido "nenhuma relação moral ou obrigação mútua" (P iii 152; G 150), e, dado que o homem natural não sentia nenhuma necessidade da companhia de seus semelhantes nem qualquer desejo de feri-los, foi apenas com o nascimento das instituições sociais que sua fraqueza se converteu em timidez ou sua força em ameaça aos próximos. Inversamente, as desigualdades que surgiram entre as pessoas em sociedade, onde de fato prevalecem relações fixas e determinadas, unem os indivíduos em caráter permanente, por meio da subserviência e do comando.

Devido a suas concepções totalmente equivocadas sobre o estado de natureza, Hobbes, Pufendorf e Locke estavam enganados ao supor que todos os indivíduos teriam sido dotados dos mesmos poderes, e os três imaginaram que, em virtude dessa igualdade, cada um se sentiria receoso diante do próximo, incapaz de viver em segurança entre seus semelhantes. Homens de igual capacidade, sustentava Hobbes, procurariam alcançar os mesmos objetivos correndo risco pessoal, pois, sem um poder comum a amedrontá-los, viveriam em estado de guerra (*De cive*, cap. 10; *Leviatã*, cap. 13). Para alcançar a paz, segundo ele, os homens precisariam instituir um ser superior artificial ou um "deus mortal", com autoridade absoluta para proteger cada um contra o próximo, assim vencendo os efeitos perniciosos da igualdade por meio da sujeição de toda a multidão ao Leviatã. Enquanto para Rousseau as desigualdades do estado natural não teriam tido *nenhuma* consequência ou significação para a humanidade, para Hobbes, portanto, o fato de existir igualdade num mundo sem senhores era de grande importância e uma das razões pelas quais seria impossível alcançar naturalmente a paz.

Da mesma forma, para Pufendorf os homens teriam tido uma igualdade precária no estado original. Mesmo concordando com Hobbes quanto aos homens serem movidos mais pelo egoísmo do que por qualquer impulso de bondade ou solidariedade, Pufendorf sustentava que, no estado de natureza, teríamos estado à mercê dos elementos e das feras, associando-nos por pusilanimidade e medo, de maneira negativa e não positiva, a fim de sobreviver (*De jure naturae et gentium*, II iii 20). Tal era sua doutrina da *socialitas* ou sociabilidade natural – característica que, segundo ele, teria levado nossos ancestrais a formar comunidades de complexidade cada vez maior, por causa das capacidades ilimitadas e dos desejos insaciáveis próprios de nossa espécie. O desenvolvimento de uma comunidade política, dessa forma, teria sido mais gradual do que imaginara Hobbes, mas para Pufendorf também se destinava a vencer a perigosa instabilidade de nossa condição de igualdade natural, aceitando o domínio de um soberano absoluto. A sociedade civil, ou a civilização assim concebida, oferecia uma solução para a miséria bárbara de nosso estado selvagem. Mais tarde, Kant denominaria essa teoria da gênese da sociedade como doutrina da "sociabilidade insociável".

Também para Locke, tinha sido a igualdade fundamental dos homens na condição original, "onde todo poder e jurisdição é recíproco" (*Segundo tratado*, cap. 2), que tornara tão precária e insegura a posse de bens. Apenas na sociedade civil, segundo ele, onde havia um poder superior encarregado de defender e preservar constantemente a propriedade privada, seria possível salvaguardá-la, e poderíamos exercer nosso direito natural a ela. Ainda que o foco central de Hobbes fosse a dimensão política da paz, o de Pufendorf a necessidade coletiva de segurança e o de Locke a proteção civil da propriedade privada, os três autores pareciam concordar que os indivíduos eram naturalmente incapazes de sobreviver sem um governo, e assim sempre seria preciso se instaurar um poder artificial, para reduzir os riscos concomitantes à igualdade irrestrita da humanidade.

A apresentação das origens da desigualdade de Rousseau no segundo *Discurso* pretendia, pelo menos em parte, refutar tais conceitos. Para ele, as autoridades superiores concebidas por Hobbes, Pufendorf e Locke, ao contrário de superar as diferenças, teriam reforçado os antagonismos que dividiam as pessoas. Segundo ele, era impossível, a partir das obras destes ou de outros pensadores políticos, descobrir *por que* os homens no estado de natureza deveriam tentar se proteger contra seus semelhantes, mas julgava que tais teorias, tomadas em conjunto, ao menos explicavam *como* os indivíduos teriam estabelecido como legítimas apenas aquelas relações fixas e determinadas que formam as distinções entre eles na sociedade corrompida. Segundo Rousseau, contrapondo-se a Hobbes em especial, era verdade que os homens deviam ter desenvolvido todas as obrigações sociais para proteger suas vidas e bens, mas, como no estado de natureza não teriam entrado em guerra, não teriam possuído nenhum bem, não teriam alimentado nenhuma ambição de dominar, nem teriam tido nenhuma razão de temer uns aos outros, era inconcebível que tivessem sentido originalmente a necessidade dessa segurança (P iii 153-4; G 151). O estado de natureza não poderia conter nenhum fator endógeno que levasse a humanidade a sair dele, e a inveja ou a desconfiança, que provocam nos indivíduos apreensão ou medo de perder seus bens, simplesmente não cabiam a homens que viviam contentes no isolamento.

No *Discurso sobre a origem da desigualdade*, Rousseau reconhece que a ideia de propriedade privada deve ter constituído o princípio *mais* fundamental da obrigação, mas, na medida em que os selvagens não teriam originalmente formulado nenhum princípio de qualquer espécie, ele insiste que tal ideia deve ter surgido algum tempo depois de eles começarem a se estabelecer em comunidades. Pufendorf estava errado ao supor que a sociabilidade natural dos homens os teria levado a viver juntos, pois a sociedade em si não é natural e depende de um vocabulário de signos convencionais, ou seja, de uma língua, que oferece um quadro de referências comuns para o discurso inteligível. Mas a língua, por sua vez, não poderia surgir sem uma sociedade previamente existente, que daria molde a ela e conferiria significado comum a enunciados individuais. Como a língua requer a sociedade e a sociedade requer a língua, Rousseau conclui – numa passagem sobre as origens da língua dedicada basicamente à filosofia linguística de Condillac – que é impossível estabelecer qual das duas surgiu antes (P iii 146, 151; G 145, 149).

No *Ensaio sobre o conhecimento humano*, de 1746, Condillac havia entendido corretamente, segundo Rousseau, que não poderia ter existido uma língua discursiva no estado primitivo da humanidade, como quer que este fosse concebido, visto que a habilidade linguística só é adquirida penosamente num longo aprendizado. Como Rousseau, Condillac reconhecia que as primeiras línguas humanas deviam ter sido meros gritos naturais (P iii 148; G 146; *Ensaio*, I ii 4). Mas, à diferença de Rousseau, ele imaginava que essas enunciações impulsivas já seriam sinais rudimentares do pensamento, representando a associação incipiente de ideias de nossos antepassados, pois, mesmo na mais remota antiguidade, os signos linguísticos arbitrários deviam se referir a algo além da própria linguagem. Rousseau discute essa tese no *Discurso sobre a origem da desigualdade*, argumentando que, no estado primitivo, os indivíduos não poderiam ter começado a conceber pensamentos sem a linguagem, tal como não poderiam formar sociedade sem ela (P iii 147; G 145-6). E afirma que os selvagens precisariam dominar a história natural e a metafísica para apreender os significados genéricos dos termos exigidos mesmo pelos signos linguísticos mais primitivos (P iii 149; G 147-8), visto que a linguagem não representa apenas pensamentos e imagens, mas expressa e constitui uma parte essencial deles, não tendo autonomia própria.

Na ausência da sociedade e da língua no estado mais selvagem da humanidade, o estabelecimento de um direito de propriedade, tal como o descrevia Locke, também teria sido impossível. Os homens e mulheres não poderiam expressar ou entender qualquer reivindicação de posse enquanto não se estabelecessem as regras linguísticas da vida social, pois, sem alguma forma de linguagem, os indivíduos não poderiam ter a noção de algo que lhes pertencesse especificamente, nem poderiam respeitar algo que pertencesse a outrem. Na verdade, observa Rousseau, a instituição da propriedade privada deve ter decorrido de um amplo leque de convenções e práticas que evoluíram no decorrer da história humana. A propriedade privada requeria não só a língua, mas também a industriosidade, a iniciativa, o progresso e o esclarecimento, de modo que, na verdade, ela constituía o "último ponto do estado de natureza" e o primeiro ponto no surgimento da sociedade civil (P iii 164; G 161).

Mas, se a ideia de um direito exclusivo à terra só surgiria depois que os indivíduos tivessem começado a criar relações constantes entre si, continuava fundamental para Rousseau que reconhecêssemos que a instituição fundada sobre tal ideia era central para todas as relações sociais subsequentes. "O primeiro homem que, tendo cercado um pedaço de terra, pensou *isto é meu* e encontrou gente simples o suficiente para acreditar nele... foi o verdadeiro fundador da sociedade civil", observa Rousseau. Esse impostor, um selvagem ancestral de nossa espécie inspirado pela eloquência astuta e perniciosa de Locke, teria levado a humanidade à sujeição social, ocultando o fato, que o próprio Locke havia reconhecido antes de passar a defender a propriedade privada, de que "os frutos da terra pertencem a todos nós, e a terra a ninguém" (P iii 164; G 161). Se a sociedade civil se formara inicialmente para justificar as relações de propriedade entre os homens, devem ter sido justo *estas* relações que deram origem à guerra. A terra teria se tornado insuficiente devido à apropriação individual e à transmissão hereditária, enquanto ocorria um crescimento da população, levando a usurpações perpetradas pelos ricos, a roubos cometidos pelos pobres e ao desenfreamento das paixões de ambos os lados (P iii 175-6; G 171-2). Portanto, comenta Rousseau, assim como Locke estava errado em supor que os homens pudessem ter estabelecido direitos territoriais de ocupação e uso exclusivo antes de criar qualquer outra instituição social, da mesma forma Hobbes não tinha visto que as relações de propriedade entre os homens em comunidade teriam sido a principal causa da guerra (P iii 136, 170; G 135-6, 171-2). Visto que os indivíduos só poderiam ter começado a se ferir mutuamente depois e justamente porque haviam estabelecido relações de propriedade que os dividiam, era evidente que, no estado original sem propriedade, não teriam tido ocasião de infligir ou sofrer danos mútuos.

Portanto, segundo Rousseau, o contrato social concebido pelos homens para dar segurança à propriedade individual não poderia ter se formado no estado de natureza, e sim, pelo contrário, tinha sido uma fraude que os ricos cometeram contra os pobres em sociedade. Os termos desse contrato poderiam ter uma aparência plausível, na superfície, pois invocariam o império imparcial da lei e a segurança de todos, mas o verdadeiro objetivo teria sido estabelecer uma ordem nos moldes necessários para preservar o patrimônio de alguns em detrimento dos demais. Com sua própria concordância, os pobres (isto é, a grande maioria das pessoas) teriam sido intimados a renunciar ao direito de partilhar as riquezas dos homens de posses, daí resultando que, em troca da paz e da proteção de suas vidas, como diz Rousseau, "todos se precipitaram a seus grilhões, crendo que tinham assegurado sua liberdade" (P iii 176-7; G 172-3). A noção de que "a propriedade é um roubo", defendida por Proudhon e outros socialistas no século XIX, deve muito a esse argumento.

Na interpretação de Rousseau, as doutrinas políticas de Hobbes, Pufendorf e Locke serviam apenas para fornecer um reconhecimento jurídico da desigualdade moral dos homens, formalizada em lei, e com a força de uma autoridade estabelecida artificialmente, aquelas mesmas relações sociais antagônicas que, de fato, requerem as regras de justiça da sociedade civil como forma de controle. O erro de Hobbes, observa ele no Livro I, capítulo 2 do *Manuscrito de Genebra*, não era presumir um estado de guerra entre os homens ao se tornarem sociáveis, mas supor que esse estado era natural e derivado de vícios que, em vez de levarem a esse estado, na verdade derivavam dele (P iii 288; S 159). Os três pensadores haviam concebido suas ideias como soluções para certos problemas, sendo que essas soluções eram, na verdade, a causa de tais problemas (P iii 184; G 179). Os postulados de Hobbes e Pufendorf sobre nossas qualidades fundamentais nos pintam como seres tão desgraçados que inevitavelmente admiraríamos a paz e a justiça oferecidas pelos governos para nos transformar de selvagens em cidadãos. E no entanto, quando fechamos os magníficos livros desses autores de jurisprudência e avaliamos os homens ao vivo, o que vemos? É o que pergunta Rousseau num breve ensaio sobre "O estado de guerra", provavelmente escrito no final dos anos 1750, talvez relacionado com seus comentários aos projetos do Abbé de Saint-Pierre, no começo do século XVIII, para promover a paz perpétua. E responde ele que vemos todos "gemendo sob um jugo de ferro, toda a humanidade esmagada por alguns opressores", fome e sofrimento por todas as partes, os ricos se deleitando a beber sangue e lágrimas, e por todo o mundo "o controle inflexível sobre os fracos, armado com a força temível da lei" (P iii 608-9; S 162). Foi com esses sentimentos, expressos em termos também viscerais, que os admiradores e adeptos radicais de Rousseau manifestaram durante a Revolução Francesa profundo desprezo pelas instituições do *ancien régime*.

Hobbes, Pufendorf e Locke haviam subestimado a importância real de suas ideias, segundo Rousseau, basicamente porque tinham adotado concepções errôneas da natureza humana. Atribuíram ao selvagem um conjunto de características que ele só poderia ter adquirido em sociedade, e, como não conseguiram ver a distinção entre nossas qualidades sociais e nossos atributos naturais, carregaram demais nos traços ao pintar nossa conduta original, incluindo acréscimos que só surgiriam em nosso desenvolvimento posterior. Tendo se colocado a tarefa de explicar o estado de natureza, esses pensadores, objeta Rousseau em extensa e importante nota de rodapé no segundo *Discurso*, não hesitaram em passar por cima de muitos séculos e aplicar suas ideias como se os homens no isolamento já vivessem em comunidade (P iii 218; G 216). Pior ainda, chegaram a propor que alguns de nossos vícios mais fatais haviam sido autorizados por lei.

Como, então, teriam sido nossos antepassados, quando ainda não estavam envoltos pelo pesadelo de nossa história social, como a estátua de Glauco descrita por Platão no décimo livro da *República*, antes de estar desfigurada pelas devastações do tempo (P iii 122; G 124)? O objetivo principal do *Discurso sobre a origem da desigualdade* era explicar a desnaturação de nossa espécie pelas metamorfoses sofridas em sociedade – seguindo uma linha que, no final do século XX, seria definida como a passagem da humanidade da natureza para a cultura. Aqui, Rousseau afirma que nossos ancestrais selvagens deviam ter partilhado duas características com todos os outros animais em estado original: primeiro, o *amour de soi* ou o impulso constante de preservar a própria vida; segundo, a *pitié* ou compaixão pelo sofrimento de outros seres da mesma espécie. "Ao contemplar as primeiras e mais simples operações da alma humana", escreve ele no prefácio da obra, "penso que posso perceber dois princípios, anteriores à razão", um deles referente a nosso bem-estar e preservação, o outro referente à aversão natural em ver o sofrimento ou a morte de outros seres. E Rousseau afirma que é da convergência desses dois princípios, sem necessidade de introduzir a ideia de sociabilidade de Pufendorf, que derivam todas as regras do direito natural (P iii 125-6; G 127). Esses atributos teriam sido anteriores à razão e à sociabilidade, pois tais qualidades levariam muito tempo para amadurecer, e não poderia existir nenhum sinal delas em nosso estado original. Na medida em que os filósofos do direito natural anteriores a ele afirmavam que os homens se uniram basicamente devido a uma disposição social que só pôde se realizar por meio da faculdade da razão, Rousseau, no *Discurso sobre a origem da desigualdade*, rejeita a fundação da sociedade baseada num direito natural. Ele não aceita que a diferença entre os homens e os animais consista num princípio ou numa qualidade inata superior; por isso, ao responder à pergunta colocada pela Academia de Dijon – "Qual é a origem da desigualdade entre os homens, e é ela autorizada pelo direito natural?" –, ele opta novamente pela negativa, tal como havia feito no *Discurso sobre as ciências e as artes*. "É manifestamente contra a Lei da Natureza" que uma minoria se refestele com uma fartura de coisas supérfluas, enquanto a multidão não consegue atender a suas necessidades mais básicas, exclama Rousseau no final do segundo *Discurso* (P iii 194; G 188). A desigualdade, segundo ele, não é autorizada pelo direito natural, porque este não dita as regras da conduta humana no estado primordial dos homens. O restante do segundo *Discurso* é uma tentativa de rastrear a gênese e a história da desigualdade moral em outros termos.

Rousseau acreditava que Hobbes, em especial, havia ignorado a *pitié* ou compaixão natural dos homens por ter uma impressão equivocada do *amour de soi*. Ele imaginara que os indivíduos, para preservarem a sua existência, precisavam resistir aos ataques dos outros tentando destruí-los, e assim, no estado de natureza, seria impossível ser compassivo e, ao mesmo tempo, viver em segurança. Mas, para Rousseau, cuidar de si não exclui a preocupação com o bem-estar dos outros; pelo contrário, ele pensava que o desejo impiedoso de segurança pessoal à custa de outrem dá origem apenas àquela vaidade e desprezo que transformam o mero estranho num inimigo. Mandeville, cuja teoria da natureza humana na *Fábula das abelhas*, de 1714, se assemelhava à de Hobbes, havia percebido esse aspecto, observa Rousseau, ao passo que Hobbes não notara (P iii 154; G 151-2). O conceito hobbesiano de amor-próprio não era o *amour de soi* e sim o *amour-propre*, a vaidade, um sentimento puramente relativo e artificial que, em sociedade, leva os indivíduos a se exibirem, querendo parecer que são *mais* do que os outros, e dá origem, como sugere Rousseau numa outra importante nota de rodapé (P iii 219; G 218), ao "senso de honra" ao qual Hobbes atribuía um papel tão central, e tão equivocado, na natureza humana em geral.

Enquanto animais e seres humanos no estado selvagem ou não civilizado se mostram como são *e* veem os outros com olhos benevolentes, apenas as pessoas moralmente degeneradas se mostram como *querem* ser vistas pelos outros, iguais ou melhores do que eles. No verdadeiro estado de natureza, não existia a vaidade ou *amour-propre*. O *amour de soi* e a compaixão que compartilhamos com todas as outras criaturas teriam bastado para garantir nossa sobrevivência. Assim eliminando o *amour-propre* de sua definição da natureza humana no segundo *Discurso*, Rousseau se afastou de toda uma tradição especulativa da filosofia moderna sobre os motivos que levavam os homens à sociedade. A pretensa ascendência das paixões egoístas sobre a razão humana, de um lado, e a possibilidade de as pessoas se sujeitarem a um controle benigno capaz de atender ao interesse público, de outro lado, eram entendidas – tanto pelos seguidores de Pascal entre os filósofos agostinianos da concupiscência quanto por Hume e outros moralistas do Iluminismo escocês – como elementos que possibilitavam o *doux commerce*, sendo em última análise as responsáveis pela riqueza das nações a partir do interesse próprio e da busca do luxo. Assim a transformação da teologia seiscentista na psicologia social setecentista iria moldar o espírito do capitalismo e garantir as instituições que o alimentavam. Mas, na interpretação de Rousseau, tais argumentos eram totalmente equivocados por atribuírem uma noção de amor-próprio já socializada a indivíduos que originalmente não poderiam ter sido motivados por ela. No Jardim do Éden pintado no *Discurso sobre a origem da desigualdade*, o homem não enfrentava nenhuma tentação que levasse à queda e à posterior ascensão.

No entanto, Rousseau também supunha que a humanidade era dotada de uma capacidade exclusiva de mudar a própria natureza. Todas as demais espécies animais são naturalmente dotadas dos instintos e capacidades necessários para a sobrevivência, ao passo que os seres humanos são agentes livres, capazes de fazer escolhas. À diferença das criaturas que vivem escravizadas por seus apetites, nós somos dotados de livre arbítrio e, como consequência, temos pelo menos uma perspectiva de responsabilidade pela maneira como vivemos. Hobbes já havia rejeitado essa antiga concepção de liberdade, que Rousseau ressuscitou ao distinguir entre comportamento instintivo e comportamento deliberado. Na concepção de Hobbes, os animais não eram escravos de seus apetites, porque esses apetites, em vez de refrear, motivavam os animais e, por conseguinte, eram causas que impulsionavam sua conduta e não freios que os detinham. Hobbes também considerava absurda a ideia de uma liberdade da vontade, visto que apenas os corpos podem ser livres ou obstruídos, e a vontade, não sendo sujeita ao movimento, não poderia sofrer nenhum impedimento externo que a detivesse (*Leviatã*, cap. 21). Mas Rousseau – neste ponto tributário de uma tradição da filosofia clássica que Hobbes tentara demolir – acreditava que a Natureza exercia uma coerção interna sobre o comportamento animal e que nossos ancestrais, na medida em que sempre poderiam satisfazer seus impulsos naturais de inúmeras maneiras variadas, não estariam presos aos instintos que impeliam e controlavam todas as demais criaturas (P iii 141-2; G 140-1). Todos os seres pertencentes à nossa espécie, na plena posse de suas faculdades mentais, teriam sido originalmente livres para governar a si mesmos.

Segundo Rousseau, foi porque os seres humanos no estado natural podiam se *fazer* diferentes dos outros animais, e não porque fossem dotados desde o início de algum atributo específico ou diferenciado, que nossos ancestrais sempre devem ter contado com uma vantagem em relação a todos os demais tipos de criaturas. Pufendorf propunha que o medo e a fraqueza física tinham levado os homens a se unir, contradizendo a concepção hobbesiana de um estado natural de guerra. Rousseau, porém, considerava a hipótese de Pufendorf tão equivocada quanto a de Hobbes. A sociedade humana não surgira pela necessidade de evitar a guerra ou de vencer o desamparo; fora possível criá-la simplesmente por causa do livre arbítrio e da capacidade humana, e não animal, de fazer escolhas. Ela foi opcional, e não necessária, sustentava ele, nascendo da indeterminação da natureza humana, e não de um ditame natural. Nossos antepassados devem ter sido capazes de decidir por si próprios, mesmo no estado de natureza, qual a melhor forma de enfrentar cada situação. Tinham uma alimentação flexível que podia incluir carnes ou frutas; podiam correr com os animais no solo, mas também subir em árvores; podiam optar por enfrentar ou fugir ao perigo (P iii 134-7; G 134-7). No *Discurso sobre a origem da desigualdade*, Rousseau observa a propósito do selvagem que é "especialmente em sua consciência dessa liberdade que se mostra a espiritualidade de sua alma" (P iii 142; G 141).

Além disso, a espécie humana sempre deve ter se diferenciado das demais num outro aspecto, visto que apenas nós temos o atributo da *perfectibilidade*, termo aqui inaugurado por Rousseau na filosofia da história e na história do pensamento político. Em sua condição original, todo indivíduo deve ter tido a capacidade não só de modificar suas qualidades essenciais, mas também de aprimorá-las. Depois de adotar hábitos que nenhum outro animal partilharia, estaria em seu alcance converter esses hábitos em traço permanente de caráter, e, na opinião de Rousseau, os seres humanos vieram a passar por uma história da transformação exatamente porque puderam se aprimorar aos poucos como agentes morais, e não só como seres diferentes das demais criaturas. Depois de mil anos, escreve Rousseau (P iii 142;G 141), todo animal, afora o homem, continua marcado pelos mesmos instintos e modos de vida desde a primeira geração; com efeito, ele propõe a tese biológica de que a filogenia apenas reproduz a ontogenia. Mas o homem, devido à sua faculdade de aprimoramento pessoal, é capaz de aperfeiçoar sua natureza, e também se diferencia dos animais por ter a mesma capacidade inversa de retroceder e se degenerar.

Rousseau conclui que nossos atributos rudimentares e latentes de liberdade e perfectibilidade possibilitaram a evo-

12. Retrato de Buffon.

lução histórica da espécie humana. Supondo que, por natureza, devemos ter sido muito mais semelhantes aos animais do que reconheciam Hobbes, Pufendorf e Locke, ele também afirma que a diferença entre o selvagem e o civilizado é, em muitos aspectos, maior do que a diferença entre os selvagens e os outros animais (P iii 139; G 139) – proposição que Rousseau desenvolve contrariando as ideias de Buffon, apresentadas em sua monumental *História natural*, que começara a ser publicada em 1749. No *Discurso sobre a origem da desigualdade*, Rousseau tece longos elogios a essa obra-prima científica e literária, inspirando-se em muitos temas sobre a história da vida orgânica, a identidade genética e hereditária das espécies e principalmente os padrões de desenvolvimento na Natureza. Nenhuma outra obra recebeu maior atenção de Rousseau, e Buffon é o contemporâneo que ele mais admira. O segundo *Discurso*, na verdade, foi concebido em larga medida como um conjunto de hipóteses sobre a história humana e civil, semelhante à apresentação de Buffon em termos de história natural, sobre as origens da terra e o surgimento, crescimento e desaparecimento dos animais (P iii 195-6; G 189-90).

Todavia, Rousseau discorda de Buffon justamente quanto ao ponto em que a história natural e a história humana poderiam convergir, sobretudo ao adotar uma perspectiva sobre a mutabilidade de nossa espécie que lhe parece muito similar à descrição de Buffon sobre as outras espécies, mas que este não quis aplicar ao estudo do homem. Segundo Buffon, em especial no segundo, terceiro e quarto volumes de sua *História natural*, a Natureza criou um fosso intransponível entre o reino animal e o reino humano, uma ruptura qualitativa na cadeia dos seres ou *scala naturae* que assegurava a superioridade do homem em relação a todos os outros animais, por sermos dotados de alma ou espírito. Em 1766, seguindo basicamente Edward Tyson, o anatomista seiscentista inglês, Buffon desenvolveria sua tese em relação ao chimpanzé, que ambos chamaram de *orang-utan* (termo malaio que significa "homem das florestas") e que iria servir de designação genérica para a maioria dos macacos de grande porte, até a distinção que veio a ser estabelecida nos anos 1770 entre a espécie africana e a asiática. Embora admitindo que o orangotango guarda muitas semelhanças físicas com o homem, Tyson e Buffon insistiam que ele não poderia ser um hominídeo por lhe faltarem as faculdades humanas da razão e da linguagem. Mas Rousseau, mesmo concordando que apenas a natureza do homem é espiritual, em seu segundo *Discurso* discorda da tese de Buffon e de sua aplicação aos orangotangos, sustentando que a variedade de tipos humanos por todo o planeta sugere que nossa espécie pode ter passado, desde seu "primeiro embrião", por metamorfoses ainda mais profundas do que as alterações derivadas das mudanças climáticas ou nutricionais (P iii 134, 141-2, 208; G 134, 140-1, 204-5).

Como a linguagem e a faculdade da razão que se expressa na fala não eram naturais do homem, não podemos apresentar as línguas dos povos civilizados como provas da sub-humanidade dos orangotangos, ao contrário do que propunha Tyson e do que iria defender Buffon. Esse erro, ao ver de Rousseau, era análogo ao de Hobbes, Pufendorf, Locke e Condillac, que estipulavam erroneamente que a manifestação do comportamento complexo em sociedade era uma prova da natureza humana. Rousseau afirma que só se pode estabelecer a espécie dos orangotangos pela experiência, o que, seguindo a definição de espécie viável de Buffon, significava testar a fertilidade do híbrido, se houvesse, do cruzamento entre um ser humano e um orangotango (P iii 211; G 208). Ele sugere que os macacos não fazem parte de nossa espécie, em larga medida porque não possuem a faculdade humana da perfectibilidade. Mas, como deixa claro em sua réplica ao naturalista Charles Bonnet, que criticara exatamente este ponto, Rousseau considerava pelo menos concebível que os orangotangos eram dotados de tal faculdade (P iii 211, 234; G 208, 227).

Rousseau nunca concordou com nenhuma teoria da transformação de uma espécie em outra, o que se tornaria central na explicação darwiniana da evolução natural, mais de cem anos após a publicação do *Discurso sobre a origem da desigualdade*. Ele tinha plena convicção de que a espécie ocupava um lugar fixo na cadeia dos seres criada por Deus e, ao supor que o orangotango poderia ser uma variedade do homem primitivo, postulava que era uma espécie zoologicamente distinta dos macacos e símios por andar ereto e ter semelhanças físicas com os seres humanos. Sua posição sobre tais animais realmente se baseava na linguagem, e queria apenas ressaltar contra Buffon e outros anatomistas e historiadores naturais que, na medida em que as línguas expressam convenções sociais e precisam ser aprendidas, não podemos considerar criaturas fisicamente semelhantes a nós, mas sem dispor de fala articulada, como seres de uma espécie totalmente distinta apenas por esta razão (P iii 209-

13. Figura 1 de *Orang-Outang, sive Homo Sylvestris: or the Anatomy of a Pygmie*, de Edward Tyson (Londres, 1699).

12;G 205-10). Ao refletir sobre os orangotangos, porém, Rousseau exerceria certa influência sobre os inícios da história da antropologia física e da biologia evolucionista, pois seu postulado de que espécies aparentemente distintas podem ser geneticamente semelhantes ou mesmo iguais abria a perspectiva de uma relação sequencial de elos na cadeia dos seres, que viria a suplantar sua própria ideia de fixidez e substituí-la pela ideia de metamorfose e transformação. No século XVIII, nenhum outro pensador concebeu a natureza humana tão sujeita à mudança durante o curso de seu desenvolvimento. Nenhum outro pensador supôs que o selvagem era mais semelhante ao animal do que ao homem civilizado. Ninguém antes de Rousseau se aproximou tanto de uma concepção da história humana como um processo de evolução do macaco ao homem. Aliás, diga-se de passagem, seu retrato totalmente especulativo do orangotango como uma espécie de selvagem sem linguagem no estado de natureza foi desenhado com uma precisão empírica maior do que a de qualquer outra descrição do comportamento desse animal pelo menos nos duzentos anos seguintes – isto é, até as pesquisas de campo realizadas desde o final dos anos 1960 por Biruté Galdikas, John MacKinnon e Peter Rodman no Sudeste da Ásia. Ao comentar o nomadismo, a alimentação vegetariana, a baixa frequência das relações sexuais e a vida geralmente solitária e indolente dessas criaturas, Rousseau ressalta a distância social que nos separa de certos símios, cujas semelhanças biológicas com a espécie humana, sobretudo seus códigos genéticos, não conseguem ocultar as grandes diferenças nas características comportamentais. Ao retratar a natureza humana sem a sociedade, próxima à do mais independente símio, as hipóteses de Rousseau sobre os limites zoológicos de nossa espécie indicam não só a simplicidade de nosso estado original, mas também a complexidade da dimensão social de nossa existência.

É evidente que a perfectibilidade dos homens primitivos em sua condição natural não lhes garantia o progresso moral, pois o desenvolvimento *real* daquele atributo dependia das escolhas concretas que os indivíduos devem ter feito ao adotar suas várias instituições sociais e políticas. A perfectibilidade humana garantia apenas que ele seria cumulativo numa ou noutra direção e, assim como era compatível com a história do progresso da humanidade, da mesma forma era consoante com a história da degeneração humana. Segundo Rousseau, de fato o homem havia aplicado mal sua liberdade, usando-a naquelas características que partilhava com todas as outras criaturas, dessa forma perdendo a compaixão e o amor próprio e assim desencadeando sua própria corrupção. Conforme se tornavam cada vez menos dependentes da Natureza, os selvagens acabavam cada vez mais dependentes entre si, sendo a perfectibilidade original de cada um exercida de uma maneira que conflitava com a liberdade natural, seguindo sua escolha dentro da sociedade de se tornar escravo de novas coerções que impunha a si mesmo. Na realidade, a perfeição do indivíduo havia gerado "a decrepitude da espécie", conclui Rousseau, sendo nossa faculdade de perfectibilidade, portanto, a origem de todos os infortúnios humanos (P iii 142, 171; G 141, 167). Foi o abuso dessa capacidade de aprimoramento próprio, e não o direito natural, que permitiu a transformação de nossas diferenças meramente físicas em diferenças morais coercitivas e, assim, foi o fator mais importante na criação da desigualdade social.

Se a Natureza criou as primeiras distinções, aliás insignificantes, entre os selvagens, foi o acaso que deve tê-los aproximado inicialmente. Em várias passagens do segundo *Discurso*, bem como no nono capítulo do *Ensaio sobre a origem das línguas*, Rousseau conjetura que acidentes e catástrofes naturais como enchentes, erupções vulcânicas e terremotos devem ter de início congregado os selvagens isolados em territórios próximos, talvez com a formação de ilhas (P iii 162, 168-9; P v 402; G 159, 165, 274). Vivendo em maior proximidade, nossos antepassados teriam abandonado o nomadismo e, construindo choças e outros abrigos com instrumentos que assim teriam tido oportunidade de inventar, teriam começado a se estabelecer e formar famílias, inaugurando a época da primeira revolução da história humana, introduzindo com ela uma ideia incipiente de propriedade (P iii 167-9; G 164-5) e seguindo uma linha teórica que mais tarde seria desenvolvida extensamente por Engels em *Origem da família, da propriedade privada e do Estado*. Mas, supondo que tenha sido este o caso, Rousseau acreditava que essa revolução no modo de vida dos selvagens dificilmente teria gerado o surgimento e desenvolvimento da desigualdade social em si, observa ele no capítulo 2 do *Ensaio*, porque as forças que nos aproximaram de início não poderiam ser as mesmas que, mais tarde, iriam nos separar (P v 380; G 253). As diferenças morais dominantes na sociedade foram criadas pelos próprios homens, e não pela Natureza ou pelo acaso, e a desigualdade social não teria surgido apenas por vivermos em proximidade.

Mais provavelmente ela teria nascido, sugere Rousseau, da maneira como os selvagens passaram a *identificar* os vizinhos, depois de começar a se encontrar com desusada frequência. Em seus povoados primitivos, quando começaram a encontrar as mesmas pessoas dia após dia, nossos ancestrais devem ter passado a perceber as qualidades que as diferenciavam. Devem ter passado a reconhecer os mais fortes, os mais habilidosos, os mais eloquentes ou os mais bonitos, por exemplo, e teriam começado, de modo geral, a perceber quais as diferenças de constituição que se deviam à Natureza. E cada homem também deve ter vindo a se identificar à luz das qualidades que os outros pareciam reconhecer como típicas de seu comportamento. Deve ter começado a se comparar a pessoas que se tornavam mais familiares a ele, e deve ter começado a atribuir alguma significação às diferenças que percebia. Nessa atribuição de valor a certas características em detrimento de outras, nossos ancestrais teriam transformado diferenças naturais em distinções morais. Teriam passado a dar atenção aos talentos dos vizinhos e também a desejar ser admirados por seus próprios talentos. Teriam chegado a invejar ou desprezar as pessoas com características diferentes de suas próprias qualidades; e a distribuição desigual da estima pública teria assim começado a dividi-los em hierarquias sociais. Enquanto "o selvagem vive por conta própria, o homem sociável, sempre dependendo do exterior, só pode viver da opinião dos outros" (P iii 193; G 187). Em suas classificações interpessoais das características com que identificavam os próximos, os homens primitivos devem ter transformado um sistema cardinal de distinção dos atributos naturais num sistema ordinal de hierarquização de preferências morais, e a "fermentação causada por esses novos elementos resultou em combinações fatais à inocência e à felicidade" (P iii 169-70; G 165-6). Para Montesquieu ou Smith, o desejo de granjear a estima alheia deve ter gerado necessidades mútuas e interesses comerciais que teriam moderado os apetites insaciáveis do homem primitivo, mas para Rousseau, pelo contrário, foi essa emulação e a concomitante busca de aperfeiçoamento pelo comércio que teriam sido responsáveis pela corrosão social da independência humana no estado primordial de nossa espécie.

Evidentemente, as várias características humanas apreciadas por nossos antepassados selvagens não teriam aparecido todas ao mesmo tempo. Nossos ancestrais devem ter reconhecido no grupo os indivíduos que tinham mais força (atributo físico), antes de passar a julgar quais eram os mais belos ou eloquentes (atributos claramente sociais, que dependem do gosto), e pelo texto de Rousseau não fica claro por que os indivíduos teriam considerado algumas qualidades pessoais mais respeitáveis do que outras. Mas ele estava convencido de que, tão logo os homens começaram a atribuir importância a suas diferenças, devem ter começado a formar suas instituições sociais. Devem ter sido especialmente a sagacidade e a eloquência dos primitivos, a que Rousseau se refere na primeira dessas passagens da segunda parte do *Discurso*, que possibilitaram a criação da propriedade privada. Pois o verdadeiro fundador da sociedade civil, encontrando pessoas simplórias a ponto de acreditarem em sua pretensão de que o terreno que havia cercado pertencia a ele, deve ter aplicado sua esperteza à terra e sua eloquência aos vizinhos de maneira a legitimar a mais fundamental de todas as relações específicas que nos vinculam mutuamente.

Após a criação da propriedade privada, devem ter se desenvolvido as artes da metalurgia e da agricultura, para melhorar a produtividade do solo e, ao mesmo tempo, aumentar as diferenças morais entre os possuidores e os despossuídos de terra. Enquanto os poetas cantam o ouro e a prata como os primeiros elementos a civilizar o homem, Rousseau, ao descrever a segunda grande revolução da história humana, concorda com os filósofos que afirmam que ela deve ter se dado com o cultivo de cereais e a mineração do ferro, os quais já tinham escravizado os europeus com novas necessidades, mas ainda não haviam arruinado a América dos selvagens (P iii 171-2; G 168). No *Ensaio sobre a origem das línguas*, que adota uma concepção um tanto diversa da sociedade primitiva no capítulo 9, ele ignora essa explicação das duas grandes revoluções nos primórdios da história humana, preferindo, a exemplo de Turgot e dos historiadores especulativos da época, principalmente os escoceses, discorrer sobre os estágios da caça, do pastoreio e da agricultura no desenvolvimento humano, aos quais, comenta Rousseau (P v 399-400; G 271-2), correspondem respectivamente o selvagem, o bárbaro e o civilizado. Mas no *Ensaio* não há nenhuma menção específica a Pufendorf, Condillac ou Buffon, nem qualquer tentativa de inverter a ordem das doutrinas de Hobbes e Locke, aspecto tão central em sua argumentação no segundo *Discurso*. Lá, sustenta ele, quando todas as terras então disponíveis, devido às heranças e ao crescimento populacional, passaram a ser propriedade privada, ninguém poderia adquirir ou aumentar suas terras senão em detrimento de outrem. Por conseguinte, o estado da sociedade civil deve ter dado origem à guerra, colocando nossos ancestrais ricos em situação de maior perigo do que os pobres, pois arriscavam não só a vida, mas também a propriedade. Por isso, devem ter tido motivos especialmente fortes para negociar uma paz aparentemente tranquilizadora, prescrita por lei e posta em vigência por forças policiais. Para proteger a vida, os pobres teriam renunciado ao direito de qualquer parcela da propriedade dos ricos, e assim os membros hábeis e eloquentes da sociedade, semelhantes aos "industriosos e judiciosos" descritos por Locke no quinto capítulo do *Segundo tratado sobre o governo*, teriam assegurado plenamente suas riquezas contra terceiros, ao perpetrar uma fraude que "convertia a usurpação esperta em direito inalterável" (P iii 176-8; G 171-3). Se estavam errados no que se referia à natureza humana, os filósofos da jurisprudência tinham feito uma descrição bastante exata da história humana, desde que se reconhecesse que a propriedade privada na concepção de Locke havia antecedido, e na verdade fora a principal causa, o estado de guerra de Hobbes.

As diversas formas de governo que os homens devem ter adotado originalmente – a monarquia, a aristocracia e inclusive a democracia – teriam suas origens, segundo Rousseau, nos diferentes graus de desigualdade existentes na época de sua instituição (P iii 186; G 181). Mas, como cada tipo de governo teria sido concebido para legitimar e conferir autoridade a nossas distinções morais, deve ter seguido em todos os casos um mesmo padrão de desenvolvimento. Deve ter ampliado progressivamente o domínio dos ricos, ao mesmo tempo aumentando as obrigações dos pobres, até que as relações predominantes entre os homens em sociedade viriam a se transformar em relações de senhores e escravos. As instituições que de início teriam sido estabelecidas por consentimento viriam a dar lugar ao poder arbitrário, e com o tempo os governos devem ter se tornado tão opressivos para os súditos que não eram mais capazes de manter a paz, que fora a razão inicial para sua instauração. Assim, a sociedade civil teria sucumbido à transformação revolucionária, e os homens devem ter escapado às crises periódicas de seu desenvolvimento político apenas recorrendo a novos senhores, cuja eloquência imprópria os persuadia a adotar outros princípios de escravidão e despotismo, forjados em meio à desordem e à revolução (P iii 187, 190-1; G 182, 185-6). Escreve Rousseau quase no final da obra: "Assim surge o último termo da desigualdade, o ponto extremo que fecha o círculo" (P iii 191; G 185). Instaura-se um novo estado de natureza, onde dominam os mais fortes – um estado de natureza não em sua pureza primitiva, e sim baseado num excesso de corrupção.

Esse quadro dos estágios revolucionários de nossa história social, que no princípio deve ter gerado e depois destruído o domínio dos déspotas, seria mais tarde descrito por Engels, em *Anti-Dühring*, como a "negação da negação", e portanto como uma interpretação dialética da história humana, que prenunciava a de Marx. Evidentemente, Marx nunca concordou com essa avaliação e, como Hegel, preferia ler Rousseau como um filósofo do Iluminismo preocupado com os direitos naturais abstratos do homem, cuja materialização durante a Revolução Francesa marcou o triunfo político da burguesia. Mas, tivesse lido o *Discurso sobre a origem da desigualdade* com a atenção que Engels deu sobretudo à segunda parte, Marx poderia ter reconhecido uma teoria do desenvolvimento da propriedade privada e da desigualdade social notavelmente parecida com sua própria concepção da história como uma sucessão de lutas de classe disfarçadas pelo domínio ideológico da lei. Rousseau jamais voltaria a ser tão marxista em sua interpretação da sociedade quanto nas páginas finais do segundo *Discurso*.

Mas deve-se ter em mente que, à diferença de Marx, Rousseau entendia sua tese como uma explicação *especulativa* das origens da desigualdade. Pretendia que suas ideias oferecessem não uma história da humanidade, e sim uma teoria da natureza humana; descrevia o passado baseando-se na tese sobre o estado moral em que nossa espécie havia caído. As qualidades essenciais de nossa natureza, segundo Rousseau, só poderiam ser desvendadas se fosse possível examiná-las separadas dos traços contemporâneos supérfluos de nosso comportamento, de maneira que o homem natural teria de ser extraído do cidadão, e não o civilizado moldado a partir do selvagem. Como Rousseau iniciava seu exame a partir do estado atual da humanidade, seguia-se daí que sua reconstrução hipotética do passado não se apoiava em nenhuma crônica de eventos reais. Todos os fatos seriam deixados de lado, observa ele (P iii 132-3, 162; G 132, 159), pois não dizem respeito à questão. Suas investigações eram hipotéticas, não históricas, destinadas a explicar a natureza das coisas, mas não a verificar sua origem concreta. Assim, o estado de natureza de Rousseau foi concebido como um mundo fictício de onde foram removidas as características corruptas da sociedade, e seu ponto de partida não foi o passado remoto, sobre o qual, aliás, poucas informações há, e sim o mundo atual que todos conhecemos. O *Discurso sobre a origem da desigualdade* foi concebido menos como uma história geral da espécie humana do que como uma teoria da natureza humana apresentada sob a forma de história, e entre os povos primitivos do passado remoto teríamos tanta probabilidade de encontrar os selvagens solitários, que para Rousseau são os progenitores do homem moderno, quanto os seres já totalmente modernos de Hobbes, Pufendorf e Locke. Rousseau pensava que nunca existiu na realidade um homem verdadeiramente natural, mas que só seria possível elaborar uma teoria de nossa transformação moral se se tomasse como referência essa figura hipotética (P iii 123; G 125).

Evidentemente, se o estado de natureza é fictício, não faz sentido tentar retornar a ele, como o próprio Rousseau insiste na nota mais longa do texto (P iii 202-8; G 197-204). "A natureza humana nunca retrocede um passo", afirmaria mais tarde nos *Diálogos*, falando a seu próprio respeito (P i 935). Uma vez abandonada, nossa inocência perdida não pode ser recuperada. O homem civilizado jamais poderia ter sequer a esperança de recuperar nem mesmo aquela forma de sociedade primitiva que deve ter surgido na "mais feliz e mais estável de todas as épocas" (P iii 171; G 167). Esse estado bucólico em que nossos ancestrais teriam vivido em paz e simplicidade se situava em algum ponto entre um passado imaginário e um presente real, e contém elementos de ambos. Se os homens algum dia viveram em tais condições, talvez tivesse sido melhor permanecer nelas, mas um mundo perdido nunca pode ser recuperado, e um estado abstraído do presente não oferece às gerações vindouras os princípios morais adequados. Como já havia exposto em sua resposta à crítica do rei Estanislau a seu primeiro *Discurso*, se tentássemos retornar a nosso estado natural, submergiríamos no caos e na destruição. Os males da sociedade corrupta não se sanariam simulando-se ignorância.

Foi assim que Rousseau utilizou alguns dos imperativos políticos de Hobbes, Pudendorf e Locke em sua própria exposição das origens da desigualdade. A seu ver, as ideias deles forneciam uma apresentação muito precisa não de nossas verdadeiras obrigações, mas de nosso passado como deve ter sido, e os vínculos contratuais que figuravam nas teorias dos três e de outros pensadores ajudavam a explicar como os homens firmaram tais acordos, que levaram à sua corrupção moral. Mas, segundo Rousseau, na medida em que foram os próprios indivíduos que se impuseram as convenções sociais que levaram à degeneração da humanidade, nunca deixou de lhes ser possível, mesmo nas sociedades corruptas, estabelecer instituições de natureza completamente diversa. Se nossa liberdade natural se perdeu irremediavelmente, nossa capacidade de aprimoramento, por seu lado, continuou intata; como diria Rousseau no *Contrato social* (iii 12), o que é possível em nossos assuntos morais está menos rigorosamente circunscrito do que poderíamos supor. O homem deve ter utilizado mal sua perfectibilidade, de uma maneira que restringia sua liberdade, quando adotou a instituição da propriedade privada e passou da selvageria para a civilização. Mas, se ele era perfectível por natureza, poderia, pelo menos em princípio, corrigir e superar os erros que deve ter cometido. Nas repúblicas da antiguidade, tal como Rousseau as imaginava, as sociedades civis tinham sido estruturadas dentro de um arcabouço que conferia aos cidadãos liberdade moral e igualdade política sob a lei; no *Contrato social*, ele iria examinar como outras instituições com tal liberdade e igualdade poderiam chegar a se estabelecer no mundo moderno, como outrora ocorrera dentro da constituição de Genebra.

CAPÍTULO 4

LIBERDADE, VIRTUDE E CIDADANIA

No começo dos anos 1750, principalmente com os dois primeiros *Discursos* e a *Carta sobre a música francesa*, Rousseau ganhara renome em toda a Europa como crítico do Iluminismo e da sociedade civil. Seus escritos sobre esses temas não o recomendavam àqueles expoentes da época que tinham esperança de conseguir o apoio de Rousseau em suas campanhas contra a idolatria religiosa e a injustiça política, e Voltaire, que já era o principal defensor da cultura cosmopolita, invectivava contra sua posição aparentemente retrógrada de promover a barbárie. Além disso, em 1756, na *Edinburgh Review*, Adam Smith, que se tornaria o principal defensor setecentista da sociedade comercial e das instituições moralmente aprimoradoras associadas a ela, também criticou a preferência pela selvageria em vez da civilização, expressa em especial no segundo *Discurso*. Ao lado de outros *philosophes*, Voltaire e Smith desenvolveram programas pedagógicos, políticos e econômicos que fomentavam o aprimoramento moral da humanidade, ao passo que Rousseau, despertando oposição nesses quadrantes, veio a parecer contrário a todas as formas de progresso. Todavia, como observou Smith em seus comentários sobre o segundo *Discurso*, o autor havia dedicado a obra à República de Genebra e reconhecera o profundo sentimento de honra por ser cidadão daquele Estado. Rousseau também anunciara sua identidade cívica e republicana na página de rosto do primeiro *Discurso*, e, embora mais tarde viesse a reclamar que seus compatriotas tinham traído os princípios da constituição genebrina, ele manteve o orgulho por suas origens e pela cidade que havia despertado seus primeiros arroubos de entusiasmo, mesmo depois que alguns conterrâneos acusaram suas doutrinas de sedição.

Mais do que qualquer outro grande nome do século XVIII, Rousseau adotava uma concepção sobre os vínculos entre política e moral que derivava da Grécia clássica. Se os vícios dos venezianos modernos podiam ser atribuídos à corrupção do Estado de Veneza, a depravação de outros povos, a seu ver, também se devia em larga medida à opressão e aos crimes políticos, e nos primeiros textos ele procurara rastrear as linhagens dessa decadência até períodos mais longos e mais remotos em termos históricos, partindo da iniquidade presente por meio da abstração filosófica. De seu ponto de vista, na medida em que a dura condição dos homens modernos sob a maioria dos governos contemporâneos era fruto de uma criação política, seria possível o surgimento de uma conduta melhor, que em vez de vício gerasse virtude, dentro de um Estado que adotasse outros princípios políticos. Assim, no *Contrato social*, publicado na primavera de 1762, Rousseau apresentaria um roteiro edificante da associação política, totalmente diferente da caracterização da sociedade civil feita nos dois primeiros *Discursos*. De fato, o *Contrato social* parece abordar às avessas o tema do *Discurso sobre a origem da desigualdade*, retratando um pacto de associação que une os cidadãos, em vez de separá-los, e salvaguardando os ideais igualitários de participação pública que consolidam sua liberdade, em vez de destruí-la. Já tendo retratado os estágios da corrupção moral da humanidade na sociedade civil, agora Rousseau ofereceria uma inversão prescritiva de sua tese anterior, mapeando e expondo as instituições necessárias para que os cidadãos ganhassem sua liberdade. Ao apresentar os fundamentos constitucionais da autoridade política legítima em diversas formas, adequadas a diversas circunstâncias, o cidadão mais orgulhoso da República de Genebra podia invectivar contra os despotismos geralmente monárquicos da época e, ao mesmo tempo, oferecer um projeto de Estado onde se atingiria a graça ou a virtude política com a autogestão coletiva dos súditos. A linha mais famosa do *Contrato social*, e talvez a frase mais citada de toda a obra de Rousseau, está no começo do primeiro capítulo do Livro i, após três curtos parágrafos introdutórios onde ele estabelece sua autoridade para falar de direito, justiça e utilidade não por ser príncipe ou legislador, mas por ser filho ou cidadão nativo de um Estado livre, e portanto parte de sua soberania. "O homem nasceu livre, e por toda parte está agrilhoado", observa Rousseau, como que sintetizando a terrível saga de nossa metamorfose política já narrada no *Discurso sobre a origem da desigualdade*. Os capítulos iniciais do *Contrato social* de fato abordam temas muito semelhantes aos que compõem o núcleo do segundo *Discurso*, na medida em que procuram mostrar mais uma vez que não pode existir uma base natural para a sociedade civil, seja na família ou em qualquer pretenso direito da força bruta. O certo não pode provir da força, argumenta Rousseau, tal como antes havia dito que nossas diferenças físicas não dão base a nossas desigualdades morais. Se a força criasse o certo, o certo seria transitório e acompanharia cada alteração na disposição da força, e a desobediência se tornaria legítima tão logo se adquirisse poder suficiente. Hobbes havia afirmado nos capítulos 5 e 6 de *De cive*, no capítulo 18 de *Leviatã* e em outras passagens que a força e o certo sempre caminham juntos, pois as "palavras" (isto é, as leis) sem a "espada" (isto é, os meios de colocá-las em vigor) não eram suficientes para obrigar. Mas, no *Contrato social*, Rousseau reitera uma distinção entre poder e autoridade (em latim, *potestas* e *auctoritas*) que significara pouquíssimo para Hobbes, mas muito para os cidadãos da República romana.

Ao reafirmar a dicotomia entre natureza e moral no *Contrato social*, Rousseau também foi levado a negar que os laços familiares servissem como modelo das relações entre cidadãos num Estado. Dois mil anos antes, no primeiro livro da *Política*, Aristóteles já havia observado a diferença entre os laços de desigualdade unindo os membros de uma família e a igualdade fundamental entre súditos e governantes numa associação política – portanto voluntária –, e Rousseau, tanto no *Contrato social* quanto, mais especificamente, nas páginas iniciais do *Discurso sobre economia política*, reconhece sua profunda dívida em relação a Aristóteles nesse aspecto e em larga medida parafraseia o que Aristóteles já havia dito. Na

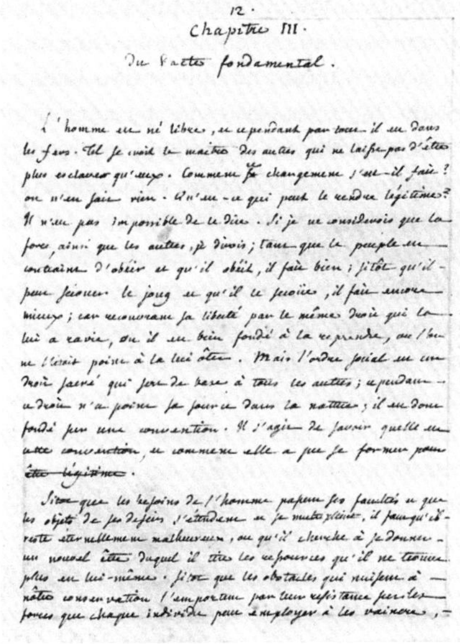

12.
Chapitre III.
Du pacte fondamental.

14. Folha do Livro i, cap. iii do *Manuscrit de Genève*, com o início do Livro I, cap. I do *Contrato social*.

verdade, sua contraposição entre o âmbito público e o âmbito privado no *Discurso sobre economia política* também acompanha de perto a distinção entre autoridade política e autoridade paterna, que Locke havia feito no *Segundo tratado sobre o governo*; como este, Rousseau de início desenvolve sua dicotomia para refutar o que chama de "sistema detestável" do *Patriarcha* de Sir Robert Filmer, o qual, diz ele, Aristóteles também já havia refutado por antecipação (P iii 244; S 5-6). Rousseau compartilhava com Aristóteles e Locke a ideia de que o governo legítimo entre pessoas moralmente iguais se instaurava por consentimento, não sendo uma aquisição natural, e no *Contrato social*, à semelhança de seus textos políticos anteriores, ele era taxativo que a autoridade do homem sobre o homem na sociedade civil – para o bem ou para o mal – devia ser e havia sido instaurada por escolha, não por necessidade.

No segundo e terceiro capítulos da obra, essas ideias antigas são apresentadas numa nova linguagem e assim ganham um novo ímpeto, na subversiva tentativa de Rousseau de refutar a lógica de toda a tradição contratualista anterior a ele, tal como a entendia. Agora a filosofia que mais atrai sua ira é a de Grotius, tal como Hobbes, Pufendorf e Locke haviam atraído no segundo *Discurso*. Em *De jure belli ac pacis* (i 3, §§ 8 e 12), de 1625, Grotius havia sustentado, seguindo Cícero e outros autores da antiguidade, que um povo poderia consentir na obediência a um rei da mesma forma como um indivíduo pode se escravizar voluntariamente – isto é, alienando ou transferindo sua liberdade para um senhor em caráter perpétuo. Além de Grotius, Hobbes e Pufendorf também tinham defendido a tese de que a sujeição voluntária dos indivíduos ou do povo ao governante marcava a instauração legítima de um Estado, ao licenciar ou autorizar sua obediência a um poder absoluto por meio de uma transferência irreversível dos direitos. Ao se render aos vencedores, os combatentes derrotados poderiam ceder a autoridade sobre si mesmos, insistia Grotius, com isso minimizando o fato de que a guerra é, na verdade, uma relação entre Estados e não entre pessoas. Assim Rousseau rejeita uma premissa central da tradição contratualista, segundo a qual não existe uma diferença fundamental, na terminologia de Hobbes, entre a soberania obtida pela instituição e a soberania obtida pela aquisição ou pela conquista. Pois, afirmava Hobbes, embora a autoridade do soberano fosse ilimitada, ele nunca deixava de ser apenas um agente, um representante da vontade do povo, um ator encarnando seus personagens, que eram, estes sim, os verdadeiros autores de todas as representações feitas em seu nome (*Leviatã*, cap. 16).

Rousseau considerava essa ideia da sujeição voluntária como a pedra fundamental da jurisprudência moderna, e agora, no *Contrato social*, depois de condenar suas consequências iníquas e concepções errôneas da natureza humana no *Discurso sobre a origem da desigualdade*, ele iria denunciar sua ilegitimidade e propor uma explicação totalmente diferente da consolidação da autoridade de um Estado, por meio da escolha coletiva dos membros. A seu ver, Grotius e seus sucessores contratualistas tinham cometido dois grandes erros em suas filosofias da sujeição voluntária. O primeiro era confundir um pacto de associação e um pacto de submissão, pressupondo uma identidade entre o estabelecimento da soberania e a instituição do governo, cuja fundação e responsabilidades eles também haviam interpretado mal. Como Rousseau iria argumentar no Livro iii, capítulo 16 do *Contrato social*, o governo não se forma por contrato, e a soberania indivisível de um povo nunca pode ser transferida para um rei. Ao resolver dedicar seu *magnum opus* ao rei Luís XIII, Grotius não mostrara nenhuma compunção em privar o povo de todos os seus direitos, espicaça Rousseau numa alfinetada especialmente cáustica no final do Livro ii, capítulo 2, que traz um contraste implícito entre sua própria trajetória e a de seu precursor ilustremente oportunista. A verdade não mostra o caminho da riqueza, observa ele, e o povo nunca nomeia alguém como embaixador ou professor, nem distribui pensões. Em vez de situar o estabelecimento legítimo do Estado no ato em que um povo se entrega a um rei, teria sido melhor se Grotius tivesse identificado o ato pelo qual um povo se torna povo, pois é nesta primeira convenção, afirma Rousseau, que reside "a verdadeira fundação da sociedade" (i 5).

O segundo erro que Rousseau identifica em Grotius, igualmente cometido por Hobbes e Pufendorf, era supor que as pessoas, tomadas individual ou coletivamente, podem alienar sua liberdade sujeitando-se de forma voluntária à vontade do governante. Pelo contrário, renunciar à liberdade é renunciar à nossa humanidade, exclama Rousseau, assim eliminando toda a moral de nossa conduta. Um pacto que estabelece, de um lado, a autoridade absoluta e, de outro lado, a obediência irrestrita é vazio e sem significado, pois deriva a escravidão da liberdade e coloca o agente em contradição consigo mesmo na alegada realização de sua própria vontade (i 4). Nessa crítica da servidão voluntária, dirigida sobretudo a Grotius, Rousseau segue o argumento de Locke, no capítulo 4 do *Segundo tratado*, de que um homem não pode se escravizar a nenhum outro homem por consentimento próprio. Mas a fonte principal de Rousseau provavelmente não foi tanto Locke, e sim Jean Barbeyrac, o ilustre jurista huguenote francês e editor dos principais escritos políticos de Grotius e Pufendorf, o qual Rousseau também repreende no *Contrato social* por ter dedicado sua obra (a tradução de Grotius) a um rei (Jorge I da Inglaterra), com isso mostrando hesitações e ambiguidades em suas declarações de princípio, para não ofender um patrono. Entre as extensas notas que Barbeyrac havia acrescentado à sua magistral edição francesa de *De jure naturae et gentium* de Pufendorf, publicada pela primeira vez em 1706, estava o comentário ao Livro vii, capítulo 8, mencionando o argumento anterior de Locke de que "nenhum homem pode se separar de sua liberdade e se entregar inteiramente a um poder arbitrário, pois isso seria dispor de sua própria vida, da qual ele não é dono". Em suas reflexões críticas no *Discurso sobre a origem da desigualdade* e no *Contrato social*, Rousseau tem uma grande dívida para com os comentários de Barbeyrac sobre Grotius e Pufendorf, e pelo menos seu primeiro contato com Locke parece ter se dado inicialmente por meio das anotações de Barbeyrac a Pufendorf. Em particular no *Contrato social*, ele iria desenvolver a transcrição da crítica de Locke à servidão voluntária, feita por Barbeyrac, com o objetivo de questionar os próprios fundamentos da filosofia política moderna, tal como fora apresentada no século XVII, agora empregando sua terminologia para garantir não a resolução deliberada do povo de se submeter a um monarca, e sim a realização coletiva de sua liberdade. Muitas das ideias de Rousseau sobre a liberdade, a igualdade e a soberania ao longo de todo o *Contrato social* se edificariam em torno de sua escaramuça introdutória com Grotius, Pufendorf e Hobbes.

No cerne dessa tradição especulativa e voluntarista como a concebia Rousseau, estava a noção de que os homens sem um senhor tinham a necessidade natural de uma comunidade que lhes desse proteção. Sustentava-se que o exercício de uma liberdade irrestrita apenas colocaria em risco a segurança pessoal dos indivíduos, de maneira que, para obter a segurança que corretamente valorizavam mais do que a liberdade, os homens deviam transferir seus direitos para uma autoridade, assim dotada de poder pela lei e pelas armas para preservar a paz entre eles e manter os adversários estrangeiros à distância. A participação no Estado não só exigia a renúncia voluntária de cada um à sua liberdade, como também, ao estabelecer a superioridade artificial de um governante sobre todos os outros, transformava a igualdade natural de todos os homens em sujeição e domínio político. No oitavo e nono capítulos do Livro i do *Contrato social*, Rousseau tenta virar essas proposições pelo avesso. Nossa passagem adequada do estado de natureza para o estado civil não deve eliminar a verdadeira liberdade, contesta ele, mas, pelo contrário, deve realizá-la ao transformar nosso mero impulso do apetite em obediência a uma lei que prescrevemos a nós mesmos. E tampouco ela deveria estabelecer princípios hierárquicos de submissão ao dominar nossa pretensa igualdade natural. Pelo contrário, ela substitui nossa desigualdade natural da mera força ou inteligência por uma igualdade que é moral e legítima. As conexões que Rousseau estabelece entre esses dois princípios – liberdade e igualdade – dão forma à maioria dos temas centrais do *Contrato social*.

Como explica ele no Livro i, capítulo 8 e no Livro ii, capítulo 7, o estabelecimento do Estado pelo comum acordo de seus súditos causa uma mudança notável no homem – uma metamorfose que agora é descrita em termos da superioridade assim criada sobre a independência física de cada indivíduo, mas que no *Discurso sobre a origem da desigualdade* fora apresentada como um passo fatal rumo ao vício. Ao afirmar que o abuso da nova condição dos homens leva com muita frequência a uma condição pior do que o estado original, Rousseau remete ao grande problema de seu argumento anterior, mas aqui ele prefere ressaltar o espírito edificante e enobrecedor dessa mudança, quando o contrato social – e portanto o estabelecimento da sociedade civil – é realizado da maneira adequada. Em troca da liberdade natural que podem ter na ausência da sociedade civil, os homens adquirem liberdade civil e moral, sendo a primeira limitada pela vontade geral e a segunda responsável por torná-los seus próprios senhores, ao obrigar as pessoas a obedecer a leis cuja autoria coletiva é delas mesmas. Tendo descrito, no *Discurso sobre a origem da desigualdade*, a liberdade original da humanidade em termos do livre arbítrio e da ausência de controle de nossos impulsos animais sobre nós, o leitor atento só pode se sentir desconcertado diante de sua nova definição de liberdade natural, agora apresentada como escravização a tais apetites. À diferença do segundo *Discurso*, o *Contrato social* praticamente nem menciona o estado de natureza do homem, seus comentários sobre os animais são especialmente parcos, e de maneira nenhuma tão elogiosos de suas qualidades positivas como ocorria na obra anterior.

Mas o objetivo da argumentação de Rousseau agora era outro. Ele pretendia mostrar que o engajamento coletivo dos homens no autogoverno poderia aumentar incomensuravelmente a liberdade deles, para além da mera independência física dos selvagens em seu estado original, aqui apresentada como uma independência limitada internamente por seus apetites, quando não externamente pela dependência de outros, ao passo que no *Discurso sobre a origem da desigualdade* ele sustentara que os homens primitivos não eram governados por seus instintos. Opondo-se aos teóricos do contrato social anteriores a ele, Rousseau iria apresentar o pacto fundamental de associação dos homens como a realização de ambições que nem poderiam ter sequer alimentado sem esse pacto, de forma que a liberdade de não estar sob o controle de outrem, à qual os indivíduos necessariamente renunciam, vem a fornecer uma outra dimensão, mais elevada, ao próprio ato dessa renúncia a ela, na medida em que os cidadãos adquirem personalidades morais e interesses cooperativos inconcebíveis para os selvagens solitários.

Em oposição ao argumento hobbesiano de que a liberdade na coletividade consiste no *silêncio* das leis, cuja promulgação pelo soberano, por conseguinte, restringe a liberdade das pessoas sob a obrigação de obedecer a elas, Rousseau considerava que as leis e a liberdade poderiam avançar juntas, desde que os submetidos a elas fossem também seus autores, não existindo nenhum soberano acima ou à parte do conjunto dos cidadãos. Enquanto para Hobbes a liberdade é trocada pela autoridade na transferência dos direitos naturais dos homens a seu governante, para Rousseau, desde que os súditos governem a si mesmos, a liberdade, em vez de se proteger contra o Estado, é conquistada dentro dele. Assim recorrendo aos antigos ideais republicanos, segundo os quais um povo livre se unia e se vinculava por suas próprias leis numa *civitas libera*, Rousseau procurou inverter e redefinir a teoria moderna da soberania, de maneira que sua própria terminologia poderia ser utilizada para recuperar exatamente aquilo que ela pretendera subverter.

Se a liberdade é central em sua concepção de um Estado legítimo, a igualdade é indispensável para alcançar a liberdade, argumenta Rousseau em especial no nono capítulo do Livro i e no décimo primeiro capítulo do Livro ii. Assim como ele condenara os efeitos insidiosos da distribuição desigual da propriedade no segundo *Discurso*, da mesma forma ele protesta com ardor no *Contrato social* contra os extremos da pobreza e da riqueza, ambos igualmente "fatais para o bem comum", sendo a liberdade levada a leilão, os compradores acumulando poderes de tiranos e os vendedores renunciando à sua liberdade para se tornarem amigos da tirania. O tema talvez tratado com maior pertinácia ao longo de todos os seus escritos políticos e, na verdade, também de sua vida pessoal, se expressava na ansiedade de Rousseau em evitar ou fugir aos laços de dominação e subserviência, que prendiam as pessoas a suas respectivas posições na vida, destruindo sua liberdade. A dependência dos homens, afirma ele no Livro ii de *Emílio* (P iv 311; E 85), diferente da dependência das coisas, é a mãe de todos os vícios, degenerando mutuamente o senhor e o escravo. Embora convencido de que a igualdade era indispensável à liberdade, Rousseau se mantinha inflexível na posição de que ela não deveria ser buscada como fim em si. Apesar de sua crítica virulenta à propriedade privada, ele nunca defendeu sua abolição, como fariam as gerações posteriores dos socialistas, quando menos porque imaginava que num mundo sem propriedade privada haveria um conflito entre o princípio da igualdade e o princípio da liberdade. Se os indivíduos fossem impedidos de adquirir propriedade com o próprio trabalho e iniciativa, a responsabilidade por sua sujeição apenas se transferiria dos ricos para o Estado, e continuariam com sua liberdade tão asfixiada quanto antes. Como Rousseau via as pequenas propriedades rurais como manifestação da autossuficiência dos homens, era favorável às repúblicas agrárias e chegou a observar no *Discurso sobre economia política* que "o fundamento do pacto social é a propriedade", sendo sua primeira cláusula que cada um "será mantido na posse pacífica do que lhe pertence" (P iii 269-70; S 29-30). No *Contrato social* (ii 11), ele afirma apenas que a riqueza excessiva deve estar sujeita ao controle político, de forma que nenhum cidadão seja rico a ponto de comprar outro ou pobre a ponto de vender a si mesmo. Visto que "a força das circunstâncias tende sempre a destruir a igualdade", conclui Rousseau, "a força da legislação deve tender sempre a preservá-la".

Agora Rousseau ressalta a dimensão política da igualdade, ainda mais do que nossas relações sociais e econômicas. Todo dispositivo de lei, afirma ele, obriga indiferenciadamente todos os cidadãos, e o soberano não estabelece distinção entre as pessoas abrigadas nela (ii 4,6). "A primeira das leis é respeitar as leis", já dissera ele no *Discurso sobre economia política* (P iii 249; S 11), acrescentando no *Contrato social* que todo cidadão é igualmente sujeito a elas, porque as leis em si ignoram todas as particularidades e diferenças individuais que demandam a atenção do governo ao executá-las, mas nunca se prestam à consideração da comunidade como um todo. Talvez por ter excluído qualquer possível benefício ou dano pessoal a partir dos decretos do soberano, Rousseau veio a observar a este respeito, no Livro i, capítulo 7, que "o soberano, pelo simples fato de ser o que é, sempre é o que deve ser", embora seja obscuro o significado dessa passagem citada com tanta frequência. Mas sua defesa da igualdade civil se faz absolutamente clara na enfática insistência sobre a igual responsabilidade dos cidadãos como participantes plenos da assembleia legislativa que exerce a soberania em cada Estado (i 6, ii 3, iii 15). Junto com os defensores modernos da democracia participativa que amiúde recorrem à sua inspiração, Rousseau considerava que a autoridade de todo soberano – que, a exemplo de Grotius, Hobbes e Pufendorf, ele sustentava que deveria ser absoluta – só seria legítima se cada cidadão desempenhasse papel plenamente ativo dentro dela. Aqui reside o cerne do conceito rousseauniano de soberania popular, cujos vínculos, sobretudo com seu ideal de liberdade no Estado, formam a base fundamental da doutrina política que mais o celebrizou, desde que passou a ser enaltecida e também vilipendiada durante a Revolução Francesa.

A ligação da liberdade e da igualdade com a soberania em Rousseau inclui um elemento extremamente original em seus textos, que diferencia sua filosofia das doutrinas de Platão, Maquiavel, Montesquieu e outros que, como ele, haviam tratado da liberdade não apenas pessoal, e sim política. Antes do significado que ele atribui ao conceito de soberania no *Contrato social*, os intérpretes o vinculavam à ideia de força, poder ou império, e geralmente se referia ao domínio dos reis sobre os súditos, como quer que tivesse se adquirido, e não à liberdade dos cidadãos. Em especial para Bodin e Hobbes – os defensores da soberania absoluta mais famosos antes de Rousseau –, os termos *souveraineté* ou *sovereignty*, derivados do latim *summa potestas* ou *summum imperium*, definiam o poder predominante – isto é, sem nada que o iguale – do governante. Para Rousseau, pelo contrário, a ideia de soberania é essencialmente um princípio de igualdade, identificado com o elemento governado, ou seja, os próprios súditos, enquanto autoridade suprema; e está ligada aos conceitos de vontade ou direito, tal como ele os define, e não à força ou ao poder – de novo ilustrando a divisão entre a dimensão moral e a dimensão física dos assuntos humanos em torno da qual girava o *Discurso sobre a desigualdade*, e que reaparece com o mesmo destaque no *Contrato social*, ainda que as prioridades de Rousseau agora tenham se invertido.

Além disso, ao considerar soberana toda a população formada pelos cidadãos, quando não por todos os habitantes (i 6 n), Rousseau, como Paine depois dele, procurava confiar ao povo comum de cada nação a condução última de seus próprios assuntos. Rousseau raramente, e no *Contrato social* nunca, designa a assembleia popular que considera soberana como uma *democracia*, pois considerava a democracia como uma forma não de soberania direta, e sim de governo direto, que exigia que o povo se mantivesse em conselho permanente para executar e administrar a política pública, aos moldes de burocratas ou funcionários públicos em tempo integral, com isso tornando o Estado especialmente propenso à corrupção e à guerra civil (iii 4). Reconhecendo que o exercício da soberania popular pelos cidadãos seria mais viável em Estados pequenos, geograficamente protegidos contra invasões, com riquezas distribuídas de forma mais ou menos igualitária entre pessoas ciosas de sua liberdade, Rousseau sugere que a Córsega poderia ser o único país na Europa ainda propício a uma nova legislação (ii 10). Mas, mesmo nos Estados maiores, sempre era o povo, e não o executivo nomeado, que detinha o poder supremo, o que se asseguraria por meio de eleições frequentes de delegados para o Parlamento nacional, como propôs Rousseau para a Polônia, quando elaborou uma constituição para o governo em vistas de se instalar no país. Onde o povo fosse soberano, deviam se realizar assembleias periódicas que não poderiam ser dissolvidas, argumenta ele no *Contrato social* (iii 13), mostrando no capítulo mais longo do livro, sobre as *comitia* romanas (iv 4), como essas assembleias, das quais nenhum cidadão poderia ser excluído, confirmavam que o povo de Roma durante

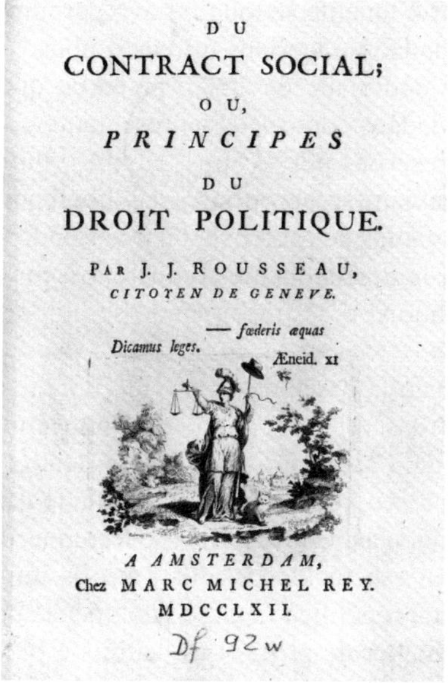

DU
CONTRACT SOCIAL;
OU,
PRINCIPES
DU
DROIT POLITIQUE.

PAR J. J. ROUSSEAU,
CITOYEN DE GENEVE.

Dicamus leges. — *fœderis æquas*
Æneid. XI

A AMSTERDAM,
Chez MARC MICHEL REY.
MDCCLXII.

15. Página de rosto do *Contrat social* (Amsterdam, 1762).

a República havia sido verdadeiramente soberano, na lei e na prática. Os tribunos do Estado, a quem a plebe confiara o sagrado cargo, nunca tentaram usurpar os poderes do próprio povo, que, quando necessário, poderia eleger diretamente o governo em plebiscito (iii 15). Perante os representados não pode haver representação, pois, “no momento em que o povo está legalmente reunido em assembleia como soberano, cessa toda a jurisdição do governo” (iii 14). Mas, nessas circunstâncias, os cidadãos devem acorrer às assembleias com todo o entusiasmo, e é preciso que cada um sirva ao país com sua própria pessoa, e não com seu dinheiro, do contrário o Estado está perdido. Nenhum grande pensador político antes de Rousseau havia demonstrado tamanha devoção à ideia de manifestação coletiva ou de um governo do povo pelo próprio povo. Embora admitindo que o povo simples poderia ser enganado ou manipulado, ele acreditava que a única salvaguarda possível contra o despotismo era a soberania popular. Somente se todo o povo participasse da legislação, os cidadãos poderiam refrear o abuso de poder que alguns deles poderiam tentar. Ao pretextar que falavam em nome dos cidadãos como seus representantes, as autoridades soberanas prescritas por Grotius, Hobbes, Pufendorf e seus discípulos haviam se apropriado das liberdades dos verdadeiros governantes de cada Estado, invertendo sua função ao desempenhá-la pessoalmente como se fossem os substitutos de seus senhores, e assim tornando-se autores da sujeição do povo.

Rousseau já havia desenvolvido uma tese semelhante no contexto das artes, quando, reagindo em sua *Carta a d'Alembert* de 1758 à proposta de um teatro em Genebra, cuja criação a seu ver corroeria a liberdade de seus compatriotas, defendeu as festas públicas e fraternas do povo como alternativa ao espetáculo de atores profissionais, de forma que toda a sua república natal, e não apenas um canto dela, pudesse se encher de procissões teatrais e participantes, tal como conhecera na juventude. No mundo antigo, em particular entre os espartanos, afirma ele (P v 122; A 133), "os cidadãos, constantemente reunidos, consagravam a vida toda a entretenimentos que eram o grande assunto do Estado e a jogos que só abandonavam em caso de guerra". No mundo moderno, perdera-se esse espírito de envolvimento público e, com ele, perdera-se também a liberdade do povo. Tal como a política, as ciências, as artes e a religião tinham criado a passividade e o entorpecimento do povo, que fora retirado do centro da vida cultural e transferido em massa para as plateias dos teatros e os bancos das igrejas. Deixando de ser os agentes do que fazemos e passando a observadores do que nos acontece, fomos transformados numa audiência calada, aprendendo a deferência e a timidez como espectadores de um enredo no qual, outrora, éramos os personagens principais. Os atores que assumiram nossos papéis, isto é, nossos reis, parlamentos e outros chefes de Estado aprenderam que devem manter os súditos apartados. "Esta é a primeira máxima da política moderna", comenta Rousseau no último capítulo do *Ensaio sobre a origem das línguas*, onde desenvolve essas ideias (P v 428; G 299). Sem dúvida era por causa de sua grande atração pelo que entendia como um ideal de participação pública na antiguidade que Rousseau acreditava que não se deveria incentivar os cidadãos a colocar suas ambições particulares na frente de tudo o mais. A seu ver, a participação na assembleia soberana de um Estado deveria ser obrigatória – posição que pode ter dado forma ao argumento, no Livro i, capítulo 7 do *Contrato social*, de que "quem se recusar a obedecer a vontade geral... será obrigado a ser livre". O significado dessa observação, que causa calafrios e que os críticos liberais de Rousseau têm, com toda razão, rejeitado devido a suas implicações potencialmente sinistras, é ambíguo, embora pareça incluir a ideia de que a lei obriga os súditos de um Estado a agir de acordo com sua consciência e volição enquanto cidadãos, e assim de acordo com sua liberdade. Mas não há nenhuma outra passagem em seus escritos políticos em que ele se mostre tão desatento à diferença entre força e direito, sobre a qual geralmente insiste muito.

A *vontade geral* era o termo empregado por Rousseau para designar o exercício da soberania popular, tendo-o empregado pela primeira vez no *Discurso sobre economia política* de 1755, publicado junto com o artigo de Diderot sobre o "Direito natural" ("Droit naturel") na *Encyclopédie*, que também traz a mesma expressão, e que Rousseau cita devidamente como referência (P iii 245; S 6-7), tendo visto o texto do amigo ainda em manuscrito. Graças principalmente a Malebranche, o termo ganhara certa aceitação desde os meados do século XVII, sobretudo em textos teológicos e filosóficos franceses, e Diderot iria utilizá-lo em várias de suas contribuições à *Encyclopédie*, da qual também era editor. Mas foi Rousseau, mais do que qualquer outra figura anterior ou posterior, que se apossou do termo e lhe atribuiu um novo significado, especificamente político. No *Discurso sobre economia política*, ele o definiu como a vontade do corpo político como um todo, sendo a fonte de suas leis e o critério de justiça. No *Contrato social*, ele o aplica tanto ao interesse público ou bem comum que deve ser promovido pelo soberano de todo Estado, quanto à vontade individual de cada cidadão em alcançar esse bem, amiúde contrário ao interesse particular da mesma pessoa como homem ou membro de outras associações dentro do Estado. A ameaça das facções à realização da vontade geral de uma república é sempre grande, afirma Rousseau, apresentando como prova (no Livro ii, capítulo 3) uma passagem da *História de Florença* de Maquiavel. Portanto, ele afirmava categoricamente que não se deveria confundir a vontade geral, cujo foco era o interesse comum, com a vontade de todos, que era apenas a soma dos interesses privados e necessariamente conflitantes, cuja preponderância através da simples contagem de votos criava alianças instáveis, conluios e divisionismos políticos. Algumas vezes Rousseau sugere que, para se realizar a vontade geral, não deveria existir nenhuma associação setorial de qualquer espécie dentro do Estado, mas mais amiúde ele considera que tais facções são inevitáveis e, na verdade, deveriam se multiplicar até para se tornar inofensivas ao máximo possível, e a elas a vontade geral se oporia, mas sem as suprimir. Referindo-se a uma passagem de uma obra do marquês d'Argenson sobre o governo da França, que foi publicada apenas em 1764 e que Rousseau conheceu em manuscrito, ele comenta que "se não existissem interesses diferentes, nem nos aperceberíamos de um interesse comum, não haveria resistência a ele... e a política deixaria de ser uma arte" (ii 3 n).

Como a contagem dos votos era necessária para estabelecer tanto a vontade geral quanto a vontade de todos (iv 2), não fica claro como Rousseau imaginava que os cidadãos fariam essa distinção, ainda menos à luz de seu argumento de que a vontade geral pode ser calculada como a soma das diferenças entre a vontade de todos os prós e contras. Mas o choque entre a vontade geral e as vontades particulares veio a ocupar um papel central em sua argumentação, e fica especialmente evidente quando Rousseau apresenta a tensão gerada por esse conflito no espírito de cada cidadão, que então se divide entre o que é benéfico para ele e o que é certo para a comunidade (i 7). Os críticos liberais de Rousseau costumam rejeitar o conceito de vontade geral por seu aparente coletivismo, mas no *Contrato social* ele parece concebido, pelo contrário, para impedir a doutrinação social dos indivíduos. Segundo Rousseau, perdemos grande parte de nosso espírito público e por isso a vontade geral de cada pessoa no mundo contemporâneo é muito mais fraca do que sua vontade particular; assim, ela deveria ser reavivada e fortalecida, mas não com cada cidadão apenas ecoando irrefletidamente a opinião de seu vizinho numa assembleia pública, e sim o inverso – todos os homens expressando individualmente a própria opinião, sem comunicação entre si que pudesse fazer pender seus juízos independentes em favor deste ou daquele interesse de grupo. Mais tarde John Stuart Mill demonstraria sua impaciência com o voto secreto, e Rousseau provavelmente concordaria que os representantes do povo, quando solicitados, deveriam sempre prestar contas a seus eleitores. Mas num referendo, num plebiscito ou numa assembleia pública de todos os cidadãos, para garantir que o número de votos corresponda ao número de indivíduos, segundo Rousseau, cada membro do soberano deveria agir sem levar os demais em consideração, consultando sua própria vontade geral como agente autônomo e assim obedecendo apenas a si mesmo. A distinção de Rousseau em relação à política internacional, entre o "interesse real" um tanto indefinido do Estado em instaurar uma paz confederada regida pelo direito internacional e o "interesse aparente" em manter absoluta independência a que o Estado se aferra obstinadamente, já tinha sido apresentada em termos semelhantes em seu *Julgamento do Projeto de paz de Abbé de Saint-Pierre*, redigido por volta de 1756 (P iii 592-3; H 89-91).

Depois de elaborar os "princípios do direito político" (subtítulo do *Contrato social*) nos Livros i e ii, Rousseau passa à aplicação desses princípios, invertendo as prioridades entre os aspectos físicos e os aspectos morais do Estado, a fim de tratar do poder executivo em lugar da autoridade legislativa, do governo em vez da soberania, da força em vez do direito, como deixa claro no Livro iii, capítulo 1. Ao contrário da soberania, que nunca pode ser representada, o governo – que Rousseau define como um "corpo intermediário" entre os cidadãos em sua capacidade soberana e como súditos unidos e obrigados pela lei – sempre é composto por representantes do povo. Enquanto a soberania é invariavelmente geral em seus decretos, o poder executivo do governo é exercido somente para os casos particulares (iii 1). Enquanto a soberania adota apenas uma forma, o governo depende das circunstâncias e assume diferentes configurações, adequadas a necessidades determinadas. Suas instituições são localizadas, contingentes e específicas.

O fator principal que determina a natureza dos governos que devem ser adotados pelos Estados é a população, a mais numerosa exigindo um governo mais centralizado, a menos numerosa um governo mais difuso, seguindo a proporção inversa entre os poderes governamentais, de um lado, e a fração de soberania de cada cidadão, de outro, como expôs Rousseau nos dois primeiros capítulos do Livro iii. Essa regra o leva a retomar a antiga classificação dos governos de acordo com o número de dirigentes ou magistrados – isto é, um, poucos e muitos, ou monarquia, aristocracia e democracia (ou pólis) –, cuja descrição mais famosa foi dada por Aristóteles, também no terceiro livro de sua *Política*. Ainda seguindo Aristóteles, Rousseau discorre sobre a estrutura de classe dos Estados e a distribuição de riquezas mais adequada a cada forma de governo, em especial assinalando a igualdade de posição e fortuna como mais adequada à democracia (iii 4), e a nobreza e as camadas intermediárias entre o príncipe e os súditos da monarquia. Num Estado grande, sugere ele, essas forças de compensação ajudavam a moderar o poder monárquico, cuja vitalidade concentrada poderia se afigurar como sua principal vantagem, desde que exercida em favor do interesse público, raramente sendo este o caso, segundo Rousseau.

Bodin, Bossuet e outros filósofos do absolutismo monárquico haviam sustentado que a coesão do Estado se preservava melhor sob a autoridade do poder dominante de uma única pessoa, mas Rousseau não se sentia convencido com tais proposições, objetando que era uma falácia supor que "o príncipe é tudo o que deveria ser" e contrapondo a isso sua ideia de soberania (iii 6). A monarquia, tanto a eletiva quanto a hereditária, é não só especialmente propensa a crises sucessórias, como também sujeita à incompetência e a intrigas venais, afirma Rousseau, com as maquinações de homens de pouco talento e muita ambição. No *Julgamento sobre o Projeto de paz de Abbé de Saint-Pierre*, ele também critica os planos monárquicos de expansão territorial com vistas a possessões e riquezas, louvando em contraposição a sabedoria do rei Henrique IV da França, inicialmente protestante, por seu vigoroso empenho em negociar uma comunidade cristã internacional na virada do século XVI. Mas, comenta Rousseau, Saint-Pierre dificilmente poderia se pretender capaz de tal empreitada duzentos anos depois, em parte devido a seus talentos muito menores, mas principalmente porque as configurações diplomáticas e militares do continente haviam se transformado tanto que, agora, não seria possível criar nenhuma liga confederada de Estados europeus, a não ser por meio de alguma revolução (P iii 595-600; H 94-100). Hobbes considerara que o governo monárquico era de modo geral superior às demais formas, devido à identidade entre interesse público e interesse privado que assegurava. Todavia, Rousseau se sentia muito mais persuadido pela avaliação de Maquiavel, afirmando que "o povo é mais prudente e estável e tem um julgamento melhor e mais sábio do que um príncipe" (*Discursos*, i 58). Como Maquiavel, ele acreditava que o governo republicano era superior à monarquia, e no *Contrato social* chega a declarar que *O príncipe* de Maquiavel, ao retratar uma forma de governo realmente execrável, na verdade tinha a intenção secreta de ser um "manual para os republicanos" (iii 6), disfarçando o profundo amor à liberdade de seu autor, compartilhado por Rousseau.

À luz dessas restrições, poderíamos pensar que Rousseau se sentiria atraído pela democracia como a melhor forma de governo, mas na verdade era taxativo em considerar a democracia igualmente perigosa, sobretudo porque favorece, por sua própria natureza, a confusão entre soberania e governo do Estado. Segundo ele, o povo que faz a lei não deve executá-la (iii 4), pois isso significaria tornar o soberano particular e confundir interesse público e interesse privado de uma maneira ainda mais insidiosa do que sob o governo monárquico. "Quando isso ocorre, o Estado se corrompe em sua própria essência e nenhuma reforma é possível", afirma ele. Devido à "vantagem de distinguir entre o soberano e o governo" (iii 5), Rousseau parece ter sido mais favorável à aristocracia, ou melhor, à aristocracia eletiva, visto considerar a aristocracia natural adequada apenas aos povos primitivos e a aristocracia hereditária "o pior de todos os governos". A aristocracia eletiva não depende da honestidade e sabedoria de todos os cidadãos, argumenta ele, e portanto requer um menor número de virtudes do que o governo democrático. Embora só possa prosperar quando as riquezas estão distribuídas com alguma equidade e moderação, o fato de que a igualdade em termos estritos geralmente é inalcançável condiz com esse tipo de aristocracia, permitindo que a administração diária dos assuntos públicos seja confiada a pessoas com talento adequado, cuja independência de recursos lhes permite dedicar todo o seu tempo ao Estado com tranquilidade financeira. Numa aristocracia eletiva, segundo Rousseau, os cidadãos mais íntegros, inteligentes e experientes em termos políticos poderiam, como seus mais altos funcionários e dirigentes públicos, assegurar estabilidade ao Estado.

Mas o fato mais importante em relação a todas as variedades de governo, para Rousseau, é a diferença de essência em relação à soberania de cada nação. Se o povo não é capaz de administrar adequadamente suas próprias leis numa democracia, tampouco poderiam seus magistrados, monárquicos ou aristocráticos, governar em seu lugar. Rousseau percebeu com a mesma agudeza de Locke, antes dele, o risco de que o governo abusasse dos poderes que pertencem apenas ao povo, e é essa tendência extremamente frequente do governo de substituir a vontade geral do soberano por sua vontade particular que ele considera tipicamente como despotismo. O povo da Inglaterra é livre somente durante a eleição dos membros do Parlamento, observa ele no Livro iii, capítulo 15 do *Contrato social* e no sétimo capítulo de *O governo da Polônia*. Ao confiar teimosamente sua autoridade como soberano legislador a um corpo que deveria operar apenas como poder executivo, o povo inglês se mostrava despreparado para a liberdade que tinha o dever de exercer diretamente.

Da mesma forma em Genebra, o poder executivo (o *Petit Conseil*) tinha se tornado cada vez mais dominante ao assumir responsabilidades que cabiam mais propriamente à assembleia plena dos cidadãos (o *Conseil General*), chegando a obstruir a reunião desse corpo soberano. Com esse desalojamento da vontade popular pela força executiva de seu Estado natal, o direito absoluto se corrompeu e se tornou um poder irrestrito. "Onde reina apenas a força", observa Rousseau a respeito disso nas *Cartas da montanha*, aqui utilizando o termo *democracia* para designar o soberano, "o Estado se dissolve. É... assim que todos os Estados democráticos finalmente perecem" (P iii 815). Tendo dedicado o *Discurso sobre a origem da desigualdade* à república de Genebra que abraçava ideais de soberania popular e se opunha ao governo despótico com firmeza maior do que qualquer outra constituição de um Estado moderno, Rousseau presenciara durante a própria vida a corrupção daqueles princípios que haviam definido sua identidade pessoal. O *doux commerce* defendido pelos iluministas genebrinos havia apenas transformado um sistema democrático igualitário numa oligarquia que privava os cidadãos de seus direitos civis; em nenhum outro lugar do mundo onde morou Rousseau fizeram-se as transfigurações da natureza humana, que ele havia descrito antes em sua história hipotética da humanidade, tão claramente evidentes em termos políticos.

Outros comentadores, anteriores a ele, tinham procurado várias vezes oferecer salvaguardas contra as ameaças de despotismo invocando princípios do direito natural, os quais os governantes só poderiam transgredir colocando em perigo a própria alma ou mesmo a própria vida, arriscando-se ao regicídio ou à revolução. Entre os contemporâneos de Rousseau, Montesquieu elaborou uma doutrina do governo de direito, que iria exercer enorme influência no pensamento liberal ocidental, distinguindo entre a autoridade dos monarcas e o capricho dos déspotas em termos desse direito, e também defendeu seu conceito, em relação à Inglaterra, de um judiciário independente. Mas Rousseau, cuja breve estada na Inglaterra poucos anos depois da publicação do *Contrato social* se mostraria tão penosa para sua independência quanto declarou ser o Parlamento para os ingleses, também considerou o conceito de lei de Montesquieu pouco convincente. Contrário aos críticos que mais tarde receariam o abuso dos poderes de soberania que havia proposto, ele acreditava que o exercício vigilante desses poderes pelo próprio povo era a única salvaguarda contra o despotismo. Segundo os princípios de sua filosofia política, em nenhum país o soberano jamais poderia exercer força contra pessoas particulares, estando impedido por sua natureza de implementar sua vontade própria. Essa responsabilidade cabia exclusivamente ao governo. Assim, a liberdade seria protegida não pela virtude de um direito natural superior ou de um judiciário independente dentro do governo, e sim por uma separação infraestrutural dos poderes entre o governo e a soberania, separação esta concebida de uma perspectiva diferente da de Montesquieu.

No Livro i, capítulo 2 do *Contrato social*, Rousseau acusa Grotius de ter conferido uma legitimidade especiosa à escravidão e à tirania, ao apresentar meros fatos como provas de direito. No Livro v de *Emílio* (P iv 836; E 458), onde repete tal alegação, ele afirma que Montesquieu também deixara de apresentar os princípios de direito político, tendo se limitado "a discutir o direito positivo dos governos estabelecidos". No mundo da política, não poderia existir nada mais diferente do que o fato em relação ao direito, insiste ele, assim inaugurando uma controvérsia entre filósofos e cientistas que criou uma divisão entre seus admiradores (e outros) e os discípulos de Grotius e Montesquieu, a qual perdura até hoje. Mas, no *Contrato social*, Rousseau também desejava tratar dos fatos da vida política, e tem uma grande dívida para com o próprio Montesquieu, na maneira de expor esses fatos. Como Montesquieu, ele estava interessado na história natural e na patologia dos governos, e na maneira como os Estados nascem, crescem e desaparecem, pois "o corpo político, tal como o corpo do homem, começa a morrer no momento em que nasce, e traz dentro de si as causas de sua própria destruição" (iii 10, 11). Também seguindo Montesquieu, ele reconhece a influência dos fatores físicos sobre a natureza do governo e as constituições dos Estados, observando, em relação ao livro 14 do *Espírito das leis*, que "a liberdade não é fruto de todos os climas" e, portanto, não está ao alcance de todos os povos (iii 8). Mesmo frisando que a moral das pessoas na sociedade civil pode ser largamente explicada pelas leis e por fatores políticos, ao mesmo tempo ele ressalta com ênfase quase equivalente que a moral determina as leis positivas, definindo as forças do hábito, dos costumes e das crenças – que estão gravadas não no mármore ou no bronze, e sim no coração dos cidadãos – como uma quarta espécie de direito, além do direito político, civil e penal, e "o mais importante de todos" (ii 12). Em *Emílio*, Rousseau elogia *O espírito das leis* justamente pelo tratamento que dá à relação entre os usos e o governo (P iv 850-1; E 468). Apesar das diferenças entre ambos, Rousseau teve grande influência de Montesquieu e sua tese sobre as coerções éticas sobre a legislação, que determinavam seus rumos e lhe incutiam seu espírito. Embora refletindo sobre como as leis poderiam ser, no *Contrato social* ele pretendia, como deixou claro já na primeira frase, tomar os homens como são. Os fatos e os critérios da política, embora distintos, também devem caminhar juntos, dizia ele, passando a avaliar o que era possível e o que era certo nos assuntos humanos. Como Montesquieu, ele examina as constituições tanto do alto, em seus primeiros princípios, quanto de baixo, à luz das tradições populares e das convenções sociais subjacentes a elas.

A visível sensibilidade de Rousseau aos costumes locais e tradições nacionais no *Contrato social*, ao par de sua firme adesão aos critérios do certo, granjeou-lhe admiradores em toda a Europa, e talvez principalmente nos países que lutavam contra o domínio estrangeiro ou procuravam preservar uma liberdade autóctone durante as guerras civis que eram presas fáceis de poderes externos. Em 1764, quando o patriota corso Mathieu Buttafoco convidou Rousseau para ser o legislador de um Estado livre que ele já declarara ser extremamente adequado à legislação, e em 1770, quando o conde Michel Wielhorski foi visitá-lo para conversar sobre os esforços da Confederação Polonesa de Advogados para libertar a Polônia da tirania russa, em ambas as vezes Rousseau reagiu com entusiasmo. Sempre preocupado com que não considerassem seus escritos politicamente incendiários, ele hesitou em tomar iniciativa na crise política de sua cidade natal nos meados dos anos 1760, relutando em dar um apoio demasiado caloroso aos decepcionados republicanos radicais de Genebra, que acabaram se unindo em sua defesa contra um governo que proibira e banira suas obras. "Sou de natureza ousada, mas de temperamento tímido", confessou a seu discípulo e biógrafo Bernardin de Saint-Pierre. Jamais se dispondo a erguer barricadas, como Bakunin, ou a dirigir os rumos dos partidos revolucionários dentro da sala de um comitê, como Marx, Rousseau declinou um envolvimento direto nas lutas políticas de sua época, especialmente porque, como observou numa carta à condessa de Wartensleben, "nem a liberdade de toda a humanidade justificaria derramar o sangue de um único homem" (L 5450). Mas elaborar constituições com uma rica imaginação cívica que não precisaria se pôr à prova política era outra coisa, totalmente diferente e muito mais atraente.

No *Projeto constitucional* ele aconselhava aos corsos que fomentassem a economia basicamente agrícola do país para se tornar autossuficientes, sem se preocupar com os

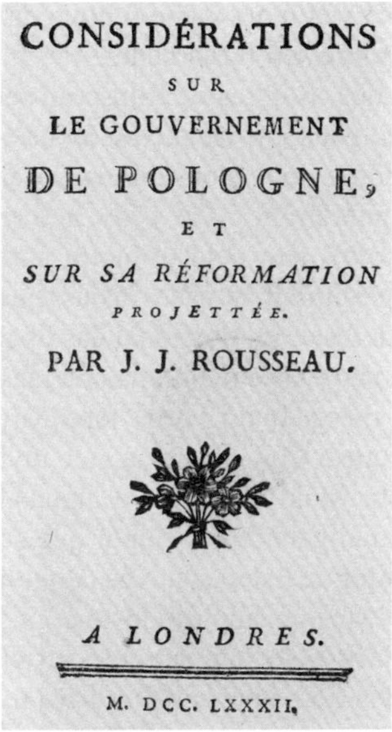

CONSIDÉRATIONS

SUR

LE GOUVERNEMENT

DE POLOGNE,

ET

SUR SA RÉFORMATION

PROJETTÉE.

PAR J. J. ROUSSEAU.

A LONDRES.

M. DCC. LXXXII.

16. Página de rosto do *Gouvernement de Pologne* (1782).

supérfluos, que repartissem e usassem a terra e a produção da maneira mais igualitária e frugal possível, e que coletassem os impostos não em dinheiro, mas em gênero ou em mão de obra. Aos poloneses, cujo amor à liberdade ele aplaudia, Rousseau recomendou um programa educacional que incluía esportes, bolsas de estudo do governo e professores exclusivamente poloneses, para formar alunos como "filhos do Estado" (P iii 967; S 190), junto com um projeto de legislação que incluía uma obrigação estrita dos representantes eleitos para um Parlamento nacional unicameral de responderem a seus constituintes. Os dois projetos se referem ou aludem a temas que Rousseau já havia exposto no *Contrato social*, e em especial *O governo da Polônia* apresenta diversos contrastes entre as assembleias representativas dos poloneses e dos ingleses, sempre lançando em descrédito a Câmara dos Comuns, cuja medida de expulsar em 1764 mesmo um sujeito tão aloprado como John Wilkes (P iii 982; S 204) demonstrava uma vez mais como o povo da Inglaterra tinha pouco controle sobre seu Parlamento.

Nenhuma dessas obras de Rousseau seria publicada ou amplamente divulgada em vida, e assim não se pode atribuir a ele qualquer ponta de responsabilidade pela infeliz anexação da Córsega pela França (em 1769, ano em que Napoleão nasceu em Ajaccio) nem pela primeira partilha da Polônia (1772), sendo que nos dois casos Rousseau passou prontamente a fazer a defesa constitucional das liberdades dos cidadãos. E também não existe nenhuma boa razão para acreditar com Rousseau, mergulhado numa fase paranoica especialmente sombria, que a Córsega havia sido invadida com o fito de desacreditá-lo. Mas talvez ele e alguns admiradores da época estivessem enganados ao supor que suas ideias políticas como legislador de Estados novos não teriam implicações revolucionárias. Mesmo admitindo que os homens sempre devem ser tomados pelo que são, ele sustenta no *Contrato social*, como havia feito antes no *Discurso sobre a origem da desigualdade*, que é possível modificar a natureza humana. No capítulo sobre o legislador (ii 7), Rousseau comenta que a tarefa de um indivíduo tão extraordinário, o verdadeiro fundador de uma nação ou de uma religião, é transformar as pessoas solitárias em partes integrantes de um conjunto muito maior, de onde os cidadãos receberiam vida e existência. Ele aponta Licurgo entre os antigos e Calvino entre os modernos como exemplos de legisladores, acrescentando no segundo capítulo de *O governo da Polônia* o Moisés dos judeus e o Numa dos romanos. Todas essas figuras haviam ocupado uma posição excepcional no Estado, aparentemente movidas por inspiração divina, como que análogas ao rei-filósofo de Platão ou aos indivíduos histórico-universais de Hegel, orientando os ignorantes e perdidos para um novo alvorecer que não conseguiriam perceber sem auxílio. Depois de conduzi-los à terra politicamente prometida, os legisladores não participariam mais de seus assuntos, como Rousseau já havia sugerido num *Discurso sobre a virtude heroica* em 1751 (P ii 1267; S 310), que havia esboçado seguindo uma linha inspirada por

Cícero, em *De beneficiis*, para um outro concurso literário, promovido pela Academia da Córsega, e depois abandonado. A função dos legisladores não era exercer o poder, mas apenas promover, em forma de sublime sedução, a apoteose do intelecto e do espírito público dos cidadãos comuns. Eles se apresentam como intérpretes da palavra divina. Persuadem sem convencer. Seu encargo não é o do governo nem o do soberano. Mas como Prometeu, ao conceder a dádiva do fogo à humanidade, eles possibilitam a transfiguração moral dos homens. Reelaboradas por Nietzsche, que detestava Rousseau, essas imagens assumiriam os traços não só de uma mera orientação, mas também de uma força e energia criadoras, ingressando num domínio que estava além dos insípidos critérios do bem e do mal da civilização.

No *Contrato social*, o próprio Rousseau inspiraria os aspirantes a legisladores do final do século XVIII. No Livro iii, capítulo 15, ele observa que duas instituições, o *erário* e a *representação*, eram desconhecidas aos homens da antiguidade, que sequer dispunham de palavras para designar essas ideias. A primeira, que ele considera "uma palavra escrava" e também condena como inovação moderna na *Constituição para a Córsega* e em *O governo da Polônia*, deu origem à regra *donnez de l'argent* – essa praga criada pela sociedade comercial, igualmente criticada no *Ensaio sobre a origem das línguas* – que possibilita aos cidadãos pagar impostos e, com isso, contratar soldados e pagar representantes, para assim poder ficar tranquilamente em casa. A segunda, que nasce da ideia do governo feudal, com a noção de poder delegado tal como se materializava nas diversas ordens dos Estados Gerais, e depois com os vínculos contratuais que Grotius e seus seguidores usaram para estruturar seus conceitos de soberania, também afasta os indivíduos modernos de seus deveres públicos como membros do Estado, cuja essência ou identidade coletiva sob a forma de *personne morale* consiste justamente no conjunto dos cidadãos agindo em coletividade, afirma Rousseau no Livro i, capítulo 6 e no Livro ii, capítulo 4. Inversamente, a liberdade civil, limitada apenas pela vontade geral, e a liberdade moral, expressa como a autonomia dos cidadãos e sua obediência às leis que eles prescrevem a si mesmos, são princípios antigos, o primeiro romano e o segundo grego, cujas definições, dadas por Rousseau no Livro i, capítulo 8 do *Contrato social*, excluem o erário e a representação.

Enquanto os legisladores da antiguidade tinham procurado criar vínculos que ligariam os cidadãos entre si e ao Estado, as leis das nações modernas apenas determinam o respeito à autoridade, transferindo a busca da liberdade da esfera pública para a esfera privada. Hoje, pergunta Rousseau na *Carta a D'Alembert*, onde está a "concórdia dos cidadãos"? Onde está a "fraternidade pública" (P v 121; A 133)? Da mesma forma, em *O governo da Polônia*, ele convoca a juventude polonesa a reavivar o "espírito das instituições antigas" (título do segundo capítulo dessa obra), para se acostumar à "igualdade" e à "fraternidade" (capítulo 4: P iii 966, 968; S 189, 191), como cidadãos de um Estado verdadeiramente livre. Outrora a liberdade se ligava à igualdade e à fraternidade, mas a representação havia destruído a fraternidade e o erário corroera a igualdade, de maneira que no mundo moderno, tendo perdido suas associações antigas, a liberdade se reduzira à mera busca de ganhos privados.

Ao vincular estreitamente as ideias de liberdade, igualdade e fraternidade, Rousseau apareceria como arauto da vindoura Revolução Francesa, mesmo com os olhos postos num mundo do passado. Essa sua veneração pela antiga liberdade republicana tinha sido em grande parte alimentada pelos *Discursos* de Maquiavel, mas ao expressá-la com seus próprios termos ele instilou um novo ardor, visto que, à diferença de Maquiavel, ele acreditava que a natureza humana estava sempre sujeita a mudanças e, apesar de ter se corrompido, ainda poderia se aperfeiçoar, pelo menos em princípio. "Retiremos do próprio mal o remédio capaz de curá-lo", exclama ele no Livro i, capítulo 2 do *Manuscrito de Genebra* (P iii 288; S 159), acrescentando alguns anos depois, no Livro iii de *Emílio*, que "Estamos nos aproximando de um estado de crise e da era das revoluções". "Considero impossível que as grandes monarquias da Europa ainda sobrevivam por muito tempo" (P iv 468; E 194). Tais palavras não pretendiam ser uma exortação política, e outras figuras da época afirmaram o mesmo, com igual vigor, na esperança de que o mundo civilizado ainda pudesse evitar a subversão. Mas se Rousseau, mesmo sem nutrir esperanças, sonhava com um futuro político da humanidade totalmente transformado, durante a Revolução Francesa os princípios do *Contrato social* passariam a ser considerados como o Decálogo da nova República da França.

Foi o que reconheceram Louis Sébastien Mercier, cuja obra *Rousseau, considerado como um dos primeiros autores da Revolução* é de 1791, e Burke, o qual, em sua *Carta a um membro da Assembleia Nacional*, do mesmo ano, condenou o "Sócrates insano" que inspirara uma regeneração totalmente destrutiva da constituição moral dos homens, e em cuja memória as fundições de Paris agora estavam fazendo suas estátuas, "com os tachos dos pobres e os sinos das igrejas". Os debates revolucionários que se iniciaram na Assembleia Nacional em junho de 1789 giravam basicamente em torno da responsabilidade pública, tema sobre o qual Rousseau havia insistido em *O governo da Polônia*, para garantir que os deputados do Parlamento polonês se sentissem obrigados pelo mandato dado por seus constituintes a apresentar os desejos da nação (P iii 980; S 202). E, embora *Abbé* Sieyès e outros defensores da representação desobrigada de prestar contas a seus constituintes prevalecessem sobre os deputados defensores dessas concepções, a invocação dos princípios rousseaunianos se revelou regra tão sólida durante toda a Revolução Francesa que a *Gazette de France*, em 1801, doze anos após as maiores revoltas políticas do mundo moderno, informava que o *Contrato social* tinha sido o livro vital que dera origem e forma àqueles acontecimentos. Mesmo o advento de Napoleão Bonaparte, que não deixara de notar o tributo que Rousseau rendia à Córsega naquela obra, veio a motivar uma nova edição, com uma dedicatória ao homem que se tornara o primeiro cidadão da França, como se suas referências à vontade geral significassem realmente a vontade do general. Nenhum outro pensador político, antigo ou moderno, foi mais reverenciado do que Rousseau naquele período, e em 1794, depois do Terror, seus restos foram exumados da sepultura na Île des Peupliers em Ermenonville e transladados para o Panteão de Paris, onde, numa grandiosa celebração, foi aclamado herói da nação cuja política, cultura e religião ele mais detestava, acima de todas as outras – e além disso, para seu eterno tormento, foi enterrado na frente de Voltaire.

Mas em 1762 poucas razões tinha Rousseau para prever essa canonização. Ao ser lançado, o *Contrato social* provocou escândalo imediato, foi proibido na França, e Rousseau foi obrigado a fugir do país para não ser preso, tendo sua entrada barrada em Genebra devido ao mesmo escândalo público. No entanto, não foram suas ideias sobre a liberdade ou a soberania as verdadeiras causas de inquietação. Julgaram-no uma ameaça à ordem social principalmente por causa das ideias apresentadas no penúltimo capítulo do *Contrato social*, sobre a religião civil, além de noções semelhantes expostas em *Emílio*, publicado quase na mesma época, que foram consideradas blasfemas, e assim seu sistema político foi tido como crime e sedição apenas em decorrência dessa afronta ao cristianismo.

17. Túmulo de Rousseau na Île des Peupliers, a partir de uma gravura de Moreau, le jeune.

Capítulo 5

Religião, educação e sexualidade

Na antiguidade pagã, cada Estado tinha suas próprias divindades, nota Rousseau no Livro iv, capítulo 8 do *Contrato social*, e a autoridade dos deuses ficava circunscrita a suas fronteiras políticas. Mas inicialmente os judeus e depois os cristãos rendiam homenagem a uma divindade cujo reino não pertencia a este mundo, e cuja ascendência temporal nem sempre correspondia a seu domínio espiritual, assim gerando desunião ao separar teologia e política dentro do Estado. Ao expandir o império, os romanos difundiram sua fé e, duvidando da indiferença à política professada pelos cristãos fiéis à vida do além e temendo uma eventual rebelião, passaram a persegui-los. Com o tempo, observa Rousseau, os cristãos de fato abandonaram sua humildade e, reivindicando os domínios terrenos de Deus, implantaram o mais violento despotismo do mundo moderno. Naquele momento, a identidade política e a identidade teológica tinham consumado sua separação em todo o mundo, mesmo entre os muçulmanos, de maneira que "o espírito do cristianismo teve vitória completa." Onde os sacerdotes detêm poder institucional, procuram impor aos príncipes o regime que suas ordens religiosas determinam, usando seus direitos de excomunhão, ao passo que na Inglaterra e na Rússia, inversamente, os príncipes se tornaram senhores da Igreja, ao risco também de um cisma iminente entre as pretensões sagradas e as pretensões temporais à soberania. O único autor cristão a reconhecer essas ameaças à paz civil tinha sido Hobbes, o qual propusera corretamente que o poder secular e o poder religioso deviam estar nas mesmas mãos. Mas ele não havia percebido os perigos que o cristianismo oferecia ao seu sistema, nem o fato de que, em qualquer Estado com o poder concentrado, o governo sempre defenderá com maior energia o interesse particular de um príncipe do que o interesse comum do Estado.

Seguindo essas reflexões sobre a subversão que o cristianismo operou nos fundamentos sagrados da autoridade civil, Rousseau distingue três tipos principais de fé religiosa em sua dimensão social: a religião do homem, a religião do cidadão e a religião do sacerdote. A primeira, a fé simples dos Evangelhos, dissolve qualquer lealdade ao Estado; a segunda, ao somar a adoração divina e o amor à lei, torna os homens crédulos e ignorantes; a terceira, ao colocar as pessoas sob as obrigações contraditórias do ministério religioso e do governo monárquico, coloca os indivíduos contra si mesmos e seus semelhantes. Todas elas são perniciosas para o corpo político, conclui Rousseau, e sobretudo a primeira, que muitos supõem erroneamente ser a melhor possível, por ser partilhada por muitos e pregar uma profunda piedade. Na verdade, uma sociedade de verdadeiros cristãos seria espiritualmente tão perfeita que seus integrantes não teriam nenhuma preocupação com o sucesso ou o fracasso na terra. Os cidadãos cumpririam suas obrigações apenas por senso de obediência religiosa, empenhados somente em garantir a salvação da alma. Como uma república cristã conseguiria enfrentar os guerreiros patrióticos de Esparta ou Roma, "consumidos por um amor ardente à glória e a seu país?", pergunta Rousseau. De fato, como uma república genuína poderia ser cristã? Pois os "verdadeiros cristãos são feitos para ser escravos", e sua fé levaria mais à tirania do que à busca do bem público.

Para que o Estado extraia verdadeira força de seus membros, ele deve se nutrir com uma religião que faça cada cidadão amar o dever sem invadir suas crenças com cânones, sacramentos e dogmas. O Estado deve exigir de seus súditos uma profissão de fé puramente civil, prescrita pelo soberano apenas para despertar um sentimento público de sociabilidade, e seus princípios trariam apenas a existência de uma divindade onipotente, onisciente e benévola, a sacralidade do contrato social e da lei, e a proscrição da intolerância. Como a crença em si não está submetida a uma injunção, o soberano pode apenas banir de seu território todas as pessoas cuja intolerância inevitavelmente ameaçaria o corpo da sociedade. Ele pode até autorizar a pena capital aos indivíduos que traiam o juramento civil de lealdade – isto é, os que mentem diante da lei e com isso mostram sua vontade de infringi-la, assim cometendo atos não de impiedade, mas de sedição, como Rousseau frisa mais especialmente nas observações sobre o mesmo tema, antecipando-se ao assunto que trataria no *Contrato social*, na carta de 1756 a Voltaire, sobre a Providência (L 424). A intolerância teológica está fadada a acarretar consequências políticas sinistras, afirma Rousseau, e numa nota acrescentada a este penúltimo capítulo do texto, que, talvez por uma prudência pouco habitual nele, tentou suprimir durante a impressão da obra, deplora a ameaça que o controle clerical sobre o contrato civil de casamento impõe aos próprios fundamentos do Estado, em sua regulamentação dos cargos públicos e das heranças privadas. A passagem correspondente no *Manuscrito de Genebra* é mais explícita ao criticar a intolerância na França contra os protestantes, após a revogação do Édito de Nantes em 1685 e o decreto de 1724 determinando a bênção católica aos casamentos e batismos protestantes. Rousseau observa que, na medida em que os protestantes na França não podem se casar sem repudiar a própria religião, são ao mesmo tempo tolerados e banidos, como se a política oficial estabelecesse que eles deveriam viver e morrer numa união ilegítima, com filhos bastardos sem direitos sucessórios. "Entre todas as seitas cristãs, a protestante é a mais sábia, mais afável, mais pacífica e mais social", conclui ele. É a única Igreja cristã que acata a determinação da lei e a autoridade dos poderes civis (P iii 344).

Ao destacar as impropriedades do catolicismo romano como religião de Estado, a defesa da tolerância que Rousseau faz no *Contrato social* guarda algumas semelhanças com a *Carta sobre a tolerância* de Locke, de 1689, embora a tônica de seu capítulo sobre os laços de consolidação política criados pelos legisladores das repúblicas antigas se deva mais às *Leis* de Platão e, sobretudo, aos *Discursos* de Maquiavel, que também considerava a religião civil de Roma incomensuravelmente mais atraente do que o culto à Cidade de Deus do cristianismo romano. Nenhum outro pensador moderno causou maior impressão a Rousseau do que Maquiavel, não só por causa de seu amor à liberdade, mas também pela perspicaz compreensão do lugar da religião nos assuntos públicos. No entanto, tão marcante quanto essa afinidade entre ambos é a grande diferença entre suas filosofias da religião, pois, enquanto Maquiavel aprovava a fé religiosa apenas na medida em que ela promovia o patriotismo dos cidadãos, Rousseau também se interessava apaixonadamente pela natureza da fé religiosa. Ao contrário de Maquiavel, ele era inspirado pela vida e exemplo de Jesus, pelos Evangelhos e pelos ensinamentos de pelo menos alguns dos Apóstolos. Sentira-se arrebatado e tomado de assombro e maravilhamento por seu lugar no universo de Deus, tal como ocorrera com Santo Agostinho, cujas *Confissões* ecoariam na autobiografia de Rousseau com uma nova linguagem. Se em sua análise dos efeitos políticos da religião ele mostrava clara influência de Maquiavel, em suas crenças religiosas e na percepção das igrejas e ordens clericais era em igual medida um filho da Reforma. Na república das letras da Europa Ocidental, já relativamente secularizada, Rousseau era uma figura quase única na intensidade de suas convicções religiosas. Embora não acreditasse na queda e no pecado original da humanidade, tanto o *Discurso sobre a origem da desigualdade* quanto o *Ensaio sobre a origem das línguas*, além de vários outros textos mais curtos, retratavam a formação do pecado ao longo da história humana, numa linha que apresentava claramente uma recapitulação moderna de nossa saída do Éden e nossa construção de Babel no Livro do Gênesis. Seus comentários sobre os legisladores e a criação de novos Estados no *Contrato social, O governo da Polônia* e em outros escritos seguiam, por sua vez, o Livro do Êxodo. Como o teólogo cristão Pelágio, Rousseau acreditava na bondade essencial da natureza humana como fora criada por Deus. Como Abelardo, cujo amor proibido por Heloísa iria lhe fornecer o modelo para escrever o romance francês de maior sucesso do século XVIII, ele acreditava no poder da razão para apreender o significado de Deus. Como Pascal, sua fé constante entre as vicissitudes de um mundo tumultuado era iluminada por uma profunda luz interior.

Afora a paixão pela música, não houve nenhum outro tema a mover tão profundamente Rousseau quanto seu amor a Deus. É um tópico constante em seus escritos, desde as orações que escreveu na juventude, por volta de 1739, quando estava sob a influência católica de Madame de Warens, até a defesa de sua fé protestante contra os detratores em suas *Cartas da montanha* de 1764 e da religião natural nos *Devaneios*, redigidos na maioria em 1777, aproximando-se do final da vida, onde apresenta – como se fosse um retrato de Deus – sua percepção da própria existência agora totalmente autossuficiente (P i 1047; R 89). Nenhum outro tema recebe maior quantidade de comentários ao longo da volumosa correspondência do autor, e especialmente na terceira carta ao Diretor de Publicações, Malesherbes (L 1650), de 26 de janeiro de 1762, e numa outra carta, de 15 de janeiro de 1769, a Laurent Aymon de Franquières (L 6529), Rousseau celebra a feliz constância e sinceridade de sua fé: no primeiro caso, rejubilando-se na presença de um ser divino, que o extasia por abranger infinitamente todas as maravilhas da Natureza; no segundo, refletindo sobre o sentimento interior com que os indivíduos são espontaneamente conduzidos a Deus e à verdade, e sobre o mal pelo qual somos os únicos responsáveis, ao abusar de nossas faculdades. Mas é acima de tudo numa longa passagem de *Emílio*, a "Profissão de fé do vigário saboiano", que a concepção rousseauniana de Deus recebe sua mais completa e mais eloquente apresentação. Já em 1761, no final de *A nova Heloísa*, a heroína do romance de Rousseau, no leito de morte depois de salvar o filho que se afogava por acidente, havia enunciado o credo de uma mulher que vivera "em comunhão protestante, a qual deriva sua regra exclusivamente da Sagrada Escritura e da razão" (P ii 714; J 586). A identidade de Júlia, porém, era apenas ficticia, e o autor lhe dera liberdade para expor as próprias ideias. Em *Emílio*, seu catecismo anterior apareceria na figura de um abade exilado (criado a partir de dois padres que Rousseau conhecera na juventude), que o transmitia nas colinas próximas a uma cidade nos Alpes para um jovem fugitivo – com efeito apresentado por Jean-Jacques na primeira pessoa, dando um exemplo tanto ao pupilo retratado na obra quanto a todos os leitores como o Sermão da Montanha do autor.

A "Profissão de fé" está dividida em duas partes, pontuada pelo aparecimento de Rousseau como narrador e preceptor de Emílio, retomando literariamente seu deslumbramento de menino diante da sublime epifania do sacerdote, quando havia se apercebido de um outro universo, do qual viria a ter um vislumbre na realidade, quando estava indo visitar Diderot na prisão de Vincennes. Na primeira parte, ele descreve a dualidade da natureza humana, a inércia da sensação, a necessidade de Deus como causa externa e última do movimento de toda a matéria e como Inteligência Suprema, a responsabilidade exclusiva dos homens pelo mal e sua capacidade de alcançar a felicidade e a virtude. Na segunda parte, ele condena a crença em dogmas e milagres, e as pretensões intolerantes das igrejas sectárias à autoridade universal, com éditos religiosos e mistérios incompatíveis com a razão. A primeira parte, concebida para refutar o ceticismo e materialismo de alguns dos principais *philosophes* da época, traz a apresentação rousseauniana da religião em conformidade com a Natureza; a segunda parte, atacando o fanatismo e a superstição sobretudo do catolicismo romano, expõe sua crítica à religião concebida como revelação.

No quarto livro do *Ensaio sobre o entendimento humano* (cap. 3, § 6), Locke afirmara que era pelo menos concebível que Deus, se assim Lhe aprouvesse, poderia "acrescentar" à matéria uma faculdade de pensamento, assim animando partículas irracionais com o poder do pensamento. No capítulo posteriormente dedicado a "Nosso conhecimento da existência de um Deus" (iv 10 10), que de fato antecipa alguns dos argumentos do próprio Rousseau, Locke

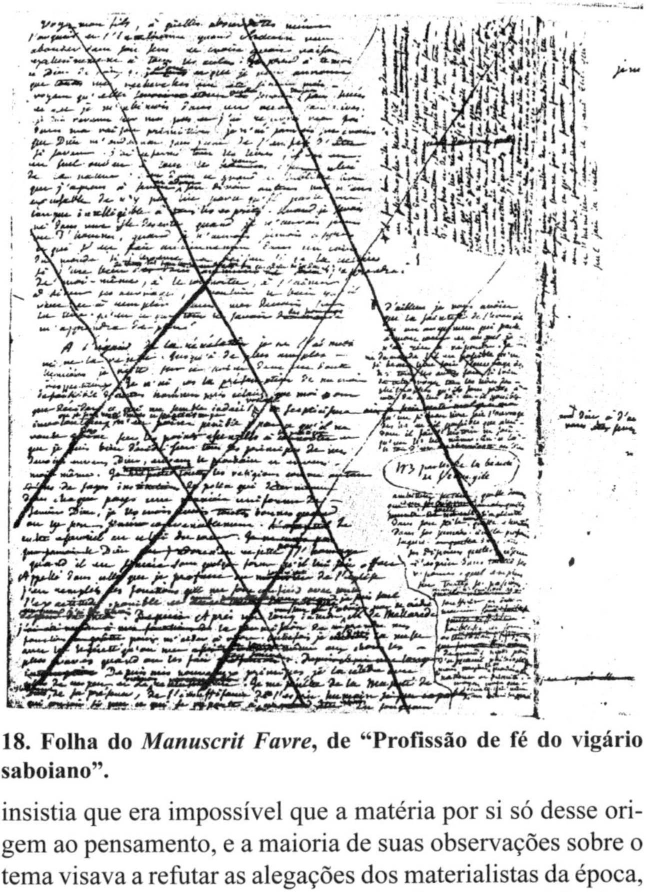

18. Folha do *Manuscrit Favre*, de "Profissão de fé do vigário saboiano".

insistia que era impossível que a matéria por si só desse origem ao pensamento, e a maioria de suas observações sobre o tema visava a refutar as alegações dos materialistas da época, em especial os spinozistas, que defendiam o contrário. Mas sua proposição de que a vontade de Deus poderia dar pensamento à matéria despertou inúmeras refutações de teólogos e filósofos do começo do século XVIII, que em sua maioria relacionavam essa asserção à sugestão de Locke, um pouco mais adiante na mesma seção do livro, de que as verdades da moral e da religião não se fundam na imaterialidade da alma. Voltaire havia discorrido sobre o argumento de Locke em suas *Cartas filosóficas* de 1734, e os materialistas franceses dos meados do século XVIII, entre eles Maupertuis e La Mettrie, se inspiraram nele, alguns (como Diderot) ressaltando a irritabilidade ou vitalidade intrínseca da matéria orgânica, alguns (como Holbach) colocando toda a realidade apenas no mundo físico, assim declarando ilusórias as noções de substância espiritual, alma e mesmo Deus. No *Tratado sobre as sensações* de 1754, Condillac procurou construir uma teoria da formação da inteligência humana a partir da pura experiência sensorial, enquanto o artigo "Evidência", provavelmente escrito por François Quesnay e publicado no sexto volume da *Encyclopédie* em 1756, defendia um argumento semelhante para mostrar que a sensação dá origem à faculdade de julgamento; em 1758, em *Sobre o espírito*, que escandalizou a Igreja e causou uma reação ainda mais oficial do que faria *Emílio* em data posterior, Helvétius colocaria a identificação entre julgamento e sensação como o alicerce de toda a sua obra. A proposição lockeana de que a matéria poderia ser dotada de pensamento e o corolário de Helvétius de que o julgamento não passa de sensação iriam constituir o alvo central de críticas de Rousseau e seu principal ponto de partida para a prova da existência de Deus na "Profissão de fé do vigário saboiano".

Tanto ali (P iv 584; E 279) quanto na carta posterior a Monsieur de Franquières (P iv 1136), Rousseau denuncia a hipótese de uma matéria pensante como "verdadeiro absurdo", "diga Locke o que disser". Não é possível fazer a matéria pensar, objeta o padre, porque nenhum movimento a que a matéria está sujeita pode originar a reflexão. Contra Helvétius em especial, ele afirma que os juízos feitos pelas pessoas não derivam de suas sensações, pois, ainda que os objetos possam se imprimir em nossos sentidos passivos, não podemos ter nenhuma impressão automática da relação entre objetos. Se não formássemos nossos juízos como agentes ativamente responsáveis pela interpretação de nossa experiência, nunca cometeríamos erros nem nos enganaríamos, visto que nossos sentidos sempre representariam a verdade. Portanto, a filosofia de Helvétius deixa de nos conceder "a honra de pensar" (P iv 571-3; E 270-2). Os materialistas estão equivocados porque são surdos à voz interior que convence Rousseau de que sua percepção da própria existência não pode ser gerada pela matéria inanimada, privada por sua própria natureza do poder de produzir o pensamento, o qual deve nascer de uma causa que anima a si mesma, uma ação voluntária ou uma expressão espontânea da vontade. Este, declara o *alter ego* de Rousseau, é seu primeiro artigo de fé (P iv 576, 585; E 273, 280).

De início, confessa Rousseau, ele se colocara naquele estado de dúvida recomendado por Descartes para buscar a verdade, à deriva sem leme nem bússola num imenso oceano de opiniões, impelido por tempestades de paixões e escassa orientação dos filósofos – todos concordando apenas que divergiam entre si, e mesmo os céticos professos obstinadamente dogmáticos em suas críticas destrutivas (P iv 567-8; E 267-8). Tendo encontrado na filosofia apenas maiores razões para o tormento do que para a solução dessa dúvida, ele recorreu à luz dentro de si e ao amor simples pela verdade, ao qual se deixou levar, conduzido por seu coração. Dessa maneira, logo descobriu que é dotado de existência e tem sentidos cuja causa deve ser exterior a ele, visto que estão presentes não por responder a um chamado de sua vontade. Pôde perceber a partir das próprias sensações que o objeto e a fonte delas são independentes dele, assim indicando a existência de outras entidades separadas dele. Observando a matéria em movimento que forma o universo, ele percebera que não existe movimento sem direção, e não existe direção sem uma causa que a determine. O movimento determinado aponta uma vontade e a vontade aponta uma inteligência. Este, afirma o vigário, é seu segundo artigo de fé. Tal vontade era sábia e poderosa de maneira autoevidente, infundida nos céus que se movem, nas pedras que caem e nas folhas levadas pelo vento. "Percebo Deus por toda parte em Suas obras", declara ele. "Sinto-O em mim" (P iv 578, 581; E 275, 277).

Nada conhecendo sobre a ordem do universo, a não ser a necessidade de sua existência, mesmo assim o sacerdote pode admirar o Criador por Sua obra. Além disso, ao examinar sua própria mente, ele pôde observar que sua vontade era independente de seus sentidos e, admitindo a mesma independência da vontade nas outras pessoas, ele pôde constatar que nela residia a origem da desordem do "mal na terra", distinta da harmonia da Natureza – isto é, brotando da liberdade de ação dos homens, cuja aceitação, declara o vigário, constitui seu terceiro artigo de fé (P iv 583, 586-7; E 278, 281). A má conduta humana provém do livre arbítrio e não pode ser imputada à Providência, pois Deus é bom e justo (P iv 593; E 285). Reclamar que Ele falhou em nos impedir de cometer o mal é protestar contra Sua implantação da moral no homem, pois, como já observara Rousseau na carta de 1756 a Voltaire, a Providência nos fez livres para que possamos escolher o bem e rejeitar o mal. Fazer-nos capazes de escolha exclui escolher por nós. Quando abusamos de nossas faculdades e praticamos o mal, realizamos obra nossa, não de Deus. "Homem, não procures mais o autor do mal. És tu!", exclama o sacerdote (P iv 588; E 282), como que recapitulando as palavras de Satã em *Paraíso perdido* de Milton que o próprio Rousseau transcrevera na inscrição da décima ilustração de *A nova Heloísa*: "Où veux-tu fuir? Le Phantôme est dans ton coeur" [Para onde queres fugir? O Fantasma está em teu coração] (P ii 770; J 504).

Ao contrário de Locke, o vigário saboiano insiste na imaterialidade da alma, bem como em sua imortalidade, apesar de declarar sua ignorância se os maus sofrerão a danação eterna e mesmo de aparentar indiferença pelo destino deles. Consultando apenas seu sentimento interior, ele descobre que pode pelo menos formar os juízos morais que determinarão seu destino. "Todo o mal que causei em minha vida foi por reflexão", mais tarde lamentaria Rousseau numa carta inacabada, que se destinava ao marquês de Mirabeau (L 5792), lembrando algumas célebres linhas de Ovídio e de Paulo aos romanos. "O pouco bem que realizei foi por impulso." Na "Profissão de fé", na carta ao Monsieur de Franquières e em outros escritos, inspirando-se mais especialmente pelo

19. Prancha 10 de La Nouvelle Héloïse, por Gravelot (Amsterdam, 1761).

Discurso referente ao ser e aos atributos de Deus (ii 3) do filósofo e teólogo inglês Samuel Clarke, Rousseau dá a esse impulso de sua natureza o nome de *consciência*, definindo-a como "um princípio inato de justiça" (P iv 570, 598, 1135; E 269, 289) ou a voz interior da alma, que está para ela como o instinto está para o corpo. Consciência! Esta voz imortal e celestial é um guia infalível para a virtude, afirma o vigário, que rende graças a Deus por Suas dádivas, mas não Lhe reza orações. O que poderia rogar? Não o poder de praticar o bem, do qual já era dotado. Não que alguém fizesse seu trabalho por ele, enquanto recebia os respectivos pagamentos. Pois Deus já não lhe concedera consciência para amar o bem, razão para conhecê-lo e liberdade para escolhê-lo (P iv 605; E 294)?

Na segunda parte da "Profissão de fé", que o vigário conclui expondo sua ambição malograda de se manter como padre paroquial e fazendo um apelo ao jovem Rousseau para que seja sincero e promova um espírito de humanidade entre os intolerantes, ele estabelece uma oposição entre a religião natural que defende e a fé dogmática, os milagres e a revelação. E observa que, perante o grandioso espetáculo da Natureza que se apresenta aos nossos olhos, coração, julgamento e consciência, parece estranho que haja alguma necessidade de qualquer outra religião. E no entanto dizem-nos que foi necessária a revelação para ensinar aos homens como Deus exigia que O servissem (P iv 607-8; E 295). Somente na Europa temos três religiões principais, uma aceitando uma revelação, a outra duas revelações, e a terceira três revelações, todas se detestando e se amaldiçoando mutuamente, com referências a livros praticamente ininteligíveis mesmo para os letrados, os judeus não mais sabendo hebraico, os cristãos incapazes de entender hebraico ou grego, os turcos sem conhecer árabe. E mesmo assim, em cada um dos casos, o que cada pessoa deve saber está confinado nos livros. Sempre os livros! A Europa está repleta deles (P iv 619-20; E 303). Em cada caso, os emissários de Deus tomaram a si interpretar Seu sentido, excogitaram maneira de fazê-lo dizer qualquer coisa que eles mesmos queriam, com sinais e milagres misteriosos para os outros, geralmente invocados para justificar a perseguição dos hereges. Um mundo milagrosamente livre dos milagres seria o maior milagre de todos (P iv 612; E 298).

Quando não perseguiam os hereges em casa, os fornecedores das revelações divinas enviavam missionários para fazer proselitismo de sua fé no exterior, ameaçando todos os que não os seguissem com a perspectiva da danação eterna. Raramente ousaram avançar muito na questão. Qual o destino que aguarda as almas das mulheres orientais escravizadas num harém? Irão todas para o inferno como castigo por terem vivido tão reclusas (P iv 622; E 304-5)? Sem dúvida, o caráter sagrado do Evangelho fala ao coração do sacerdote, admite ele. Sem dúvida, há uma graça sublime nos ensinamentos de Jesus, com a mesma nobreza que há na sabedoria de Sócrates. A vida e morte de Jesus lhe mostra que foi uma divindade.

Mas no mesmo Evangelho há um excesso de coisas que são incríveis, que repugnam à razão e impossíveis de ser aceitas por qualquer pessoa sensata (P iv 625-7; E 307-8). Tornemos menos misteriosa a palavra de Deus. Ou ele terá nos concedido a faculdade da razão apenas para nos proibir de usá-la? Não O serviríamos melhor sem ter auxílio? "O Deus que adoro não é um deus das sombras" escondido em livros, insiste o vigário (P iv 614; E 300). Fechemos todos os livros e abracemos Sua verdade direta, porque está inscrita em todas as línguas, acessível a todas as pessoas, no livro aberto da Natureza (P iv 624-5; E 306-7). O Deus das revelações fala num excesso de línguas. "Preferiria ouvir Deus em Si. ...Tantos homens entre Deus e mim!" (P iv 610; E 297).

Rousseau não deveria ter se surpreendido tanto quando tais reflexões sobre a essência da religião e do cristianismo no *Contrato social* e em *Emílio* tiveram uma acolhida nada favorável pela Igreja na França. Voltaire teve o cuidado de divulgar sua severíssima crítica ao catolicismo romano num lugar mais seguro, do outro lado da fronteira francesa, mas Rousseau escreveu com um desembaraço pouco prudente, despreparado para a reação oficial, no país em que morava na época, à licença poética de suas imagens grandiosas, seguindo-se à publicação do *Contrato social* na Holanda e de *Emílio*, com lançamento simultâneo na França e na Holanda. A proibição de suas obras em Genebra, impedindo que pudesse se refugiar na terra natal, trouxe-lhe um desalento ainda maior. Quando o arcebispo de Paris, em agosto de 1762, emitiu um mandato denunciando as doutrinas perniciosas de *Emílio*, depois que a Sorbonne havia condenado oficialmente o texto e o *Parlement* da cidade ordenara que a obra fosse queimada pelo carrasco público, Rousseau já tinha fugido da França. "Tua única prova contra mim é citar o pecado original", protesta ele em sua réplica, que constitui seu texto mais longo dedicado à teologia, a *Carta a Christophe de Beaumont*, publicada no começo de 1763. E indaga: como Deus poderia nos ter criado inocentes, apenas para nos mostrarmos pecadores e por isso sermos condenados ao inferno? Não será essa dura doutrina do pecado original principalmente uma invenção de santo Agostinho e dos teólogos, mais do que a essência das Escrituras? Não concordamos ambos que o homem foi criado bom, tu afirmando que ele é mau porque assim o é, e eu mostrando que, na verdade, ele se tornou mau? Qual de nós dois está mais próximo dos primeiros princípios? *Emílio*, insiste Rousseau, se destinava principalmente aos cristãos, purificado do pecado original pelo batismo, tão puro de coração quanto Adão no momento em que foi criado por Deus (P iv 937-40).

Rousseau esperava encontrar abrigo em Genebra, mas, quando o *Petit Conseil* queimou *Emílio* e o *Contrato social* em junho de 1762 – por seus conteúdos escandalosamente ímpios e por constituírem ameaça não só à religião, mas também à ordem pública –, ele foi obrigado a fugir, inicialmente para Yverdon, no território de Berna, e depois para a localidade próxima de Môtiers, de onde mais tarde seria expulso pelos habitantes, que apedrejaram sua casa. No começo ele acreditou ansiosamente que seus compatriotas, nas petições em seu favor, conseguiriam lhe devolver sua posição de cidadão genebrino, mas descobriu que os partidários do governo, ou *Négatifs*, faziam uma oposição poderosa demais a esses *Représentants*, e logo desistiu de qualquer restauração política de seus direitos de cidadania, preferindo renunciar pessoalmente a eles. Quando o processo contra ele foi incluído na coletânea *Cartas do campo* por Jean-Robert Tronchin, procurador-geral de Genebra, em setembro de 1763, ele tentou apenas se defender na resposta do ano seguinte, as *Cartas da montanha*. Dado que o protestantismo era tolerante por questão de princípio e, a exemplo da religião civil do *Contrato social*, era dogmático apenas em condenar a intolerância, ele se indaga: como o *Petit Conseil* de um Estado protestante foi capaz de adotar a ferocidade persecutória de são Paulo e o rigor judicial da Inquisição? (P iii 702, 716, 781). Repetindo mais ou menos extensamente a história das assembleias do *Conseil Général*, que tinha sido "a salvação da República" quando esta se vira ameaçada pela fome, pelos tiranos e pelas guerras (P iii 856), agora, por devoção patriótica, ele condena a degeneração de um corpo político cuja constituição antes lhe parecera um exemplo refulgente para o restante da Europa, um belo modelo que seu *Contrato social* pretendera preservar. Evidentemente, como ele mesmo já deixara claro, é impossível deter a decadência política. Por uma "progressão natural", o governo de Genebra mudara de forma, "passando gradualmente da maioria para a minoria" (P iii 808-10), como que antecipando a lei férrea da oligarquia de Robert Michels e se oferecendo como ilustração específica. "Nada é mais livre do que vosso Estado legítimo; nada é mais servil do que vosso Estado tal como se encontra", conclui Rousseau (P iii 813).

Esses protestos de fé sincera de um cidadão leal foram aplaudidos em muitos círculos em Genebra e outros países, e depois vieram a inspirar o jovem Hegel e outros amantes da liberdade, igualmente atraídos por um Deus não misterioso, manifesto na Natureza. Mas dificilmente agradariam aos poderes vigentes na época, e tanto o arcebispo de Paris quanto o *Petit Conseil* de Genebra, com razão, consideraram *Emílio* e o *Contrato social* como ameaças a todas as formas de autoridade estabelecida. Eram todas as igrejas do cristianismo que se interpunham entre Rousseau e Deus, todos os governos dos Estados modernos que ficavam no caminho entre o povo e o próprio como soberano. A substituição institucional da vontade individual e da ação coletiva por forças que privavam as pessoas de sua identidade espiritual e cívica era a grande calamidade moral da civilização contemporânea, segundo Rousseau, pois a liberdade de consciência requeria um Deus sem mediações, da mesma forma como a liberdade legislativa de uma assembleia requeria um soberano atuando diretamente sem representação. A teologia obscurantista e o poder despótico, juntos, tornavam os homens dependentes da vontade de terceiros, e, portanto, eram os agentes dessas forças, considerando-se atingidos por seus argumentos em favor da liberdade, que estavam ansiosos em silenciá-los.

Para vencer a dependência em relação aos outros e alcançar uma autonomia, Rousseau traça um programa pedagógico em *Emílio* cujo objetivo central é libertar as crianças da tirania das expectativas dos adultos, para que suas faculdades possam se desenvolver sem amarras, cada qual em seu devido momento. No começo do primeiro livro, ele estabelece uma distinção entre três espécies de educação, conforme as fontes de onde derivam, que ele identifica como a natureza, as coisas e os homens. Apenas a pessoa em quem coincidem essas três formas de disciplina pode se desenvolver bem, observa ele, mas a seguir comenta como deve ser difícil uma educação abrangente, dado que o homem natural vive inteiramente por conta própria, ao passo que o homem civil, que vive para toda a comunidade, deve se desnaturar, sua identidade independente deve se transformar numa existência relativa, tornando-o parte de um conjunto maior. Mas, se a educação natural ou doméstica pudesse de alguma maneira se somar à educação civil, sugere Rousseau, seria possível remover as contradições no homem, e com elas remover também um dos grandes obstáculos à felicidade humana (P iv 247-51; E 38-41). Alguns de seus intérpretes entendem que essa reconciliação seria o objeto central de *Emílio*, que, portanto, deveria ser lido como um manual para o desenvolvimento da cidadania nas crianças, cujas responsabilidades são destacadas mais adiante no texto e são tratadas extensamente no *Contrato social*. Mas a breve passagem em *Emílio* dedicada ao tema da política, que ocupa cerca de vinte páginas perto do final do Livro v (P iv 833-52; E 455-69), não parece ter sido concebida para coroar o meticuloso projeto de uma criação no lar com uma sublime educação para a vida pública. Embora retome alguns temas do *Discurso sobre a origem da desigualdade* e do *Contrato social*, a obra mais esboça uma linha de estudos a que Emílio poderia se dedicar mais tarde do que cria um modelo completo de uma educação política para a qual ele ainda não está pronto, e o preceptor reconhece que não se surpreenderia se o pupilo viesse a reclamar que havia construído seu edifício com madeira e não com homens (P iv 849; E 467). Grande parte da estrutura difusa de *Emílio* e talvez a sobrecarga de conteúdo, inclusive a passagem um tanto enigmática sobre política, poderiam decorrer do receio de Rousseau, após um período de problemas de saúde no final dos anos 1750, de que aquela seria sua última grande obra. Depois da publicação, ele começou a escrever uma continuação, publicada postumamente como *Emílio e Sofia, ou Os solitários* (P iv 879-8924), onde retratava Emílio não como um cidadão engajado nos assuntos públicos, e sim como um adulto escrevendo em desespero a seu preceptor para dizer que seu mundo havia se desmoronado, sua esposa o abandonara e sua educação não se mostrara à altura de suas falhas humanas.

Embora o desenvolvimento moral e intelectual de Emílio pretenda abranger a companhia dos homens e mulheres, é de uma maneira deliberadamente espontânea e sempre destinada a se coadunar com suas disposições naturais. Nunca remodela seu caráter nem o prepara para uma nova identidade como parte de um conjunto maior do que ele mesmo, tal como estipulava Rousseau em sua tese sobre a cidadania e a soberania popular no *Contrato social*. Pelo contrário, esse desenvolvimento se mantém fiel ao tema central das *Cartas morais* que ele escreveu em 1757 para Sophie d'Houdetot, a cunhada de Madame d'Épinay, pela qual estava apaixonado naquela época e a quem servia de confessor espiritual e conselheiro nos assuntos do coração. Rousseau esboçou apenas seis *Cartas morais* para Sophie, baseando-se em larga medida no modelo de busca espiritual seguido por Descartes no *Discurso do método*. Mas essas *Cartas morais*, ampliadas e reordenadas, viriam a ter lugar no texto de *Emílio*. Dirigidas a uma mulher em busca da felicidade, pouco têm a ver com as dificuldades e os atrativos de uma identidade civil, apontando, pelo contrário, para uma esfera de autonomia e autossuficiência que se concentra no indivíduo solitário. "Comecemos voltando a ser nós mesmos, concentrando-nos apenas em nós", observa Rousseau na sexta carta. Procuremos conhecer a nós mesmos, nos separar do que não somos, pois esse entendimento do eu humano e da natureza do próprio ser indica o caminho para o conhecimento da humanidade (P iv 1112-13).

Este também seria o fio condutor da educação de Emílio, em consonância com sua natureza, mas não é um tema central no *Contrato social*. Para o programa rousseauniano de uma educação para a cidadania, os leitores devem consultar outros escritos, sobretudo o *Discurso sobre economia política* e *O governo da Polônia*, ambos maciçamente influenciados pela *República* de Platão. No próprio *Emílio*, Rousseau recomenda a *República* como "o mais belo tratado sobre educação já escrito" (P iv 250; E 40), embora deixe claro que tem em mente a ideia de uma educação pública, e considere que aquele "nobre gênio" é culpado pela "promiscuidade civil" da *República*, ao misturar homens e mulheres nos exercícios físicos sem os separar por sexo, e assim exigindo que as mulheres sejam homens, porque, depois de retirá-las da esfera doméstica da vida familiar, Platão já não sabe mais qual deveria ser o papel delas (P iv 699-700; E 362-3). À diferença de *Emílio*, o *Discurso sobre economia política* e *O governo da Polônia* se concentram em questões de educação pública e de acordo com isso seguem em larga medida os moldes da *República*, o que não acontece em *Emílio*. No *Discurso sobre economia política*, Rousseau fala da arte de fazer os homens amarem o dever e as leis, e de ensiná-los a serem bons cidadãos com exemplos de virtude cívica e patriotismo (P iii 251-2, 254-5; S 13, 15-16). Ali se encontra, como prescrição do governo e em nome de uma educação cívica, que a educação dos jovens no seio da igualdade deve ser considerada como uma das funções mais importantes do Estado, pois "os cidadãos não se formam num dia, e para tê-los na idade adulta é necessário educá-los desde a infância", observa ele (P iii 259-61; S 20-1). É no capítulo 4 de *O governo da Polônia* que Rousseau afirma que os bebês devem conhecer apenas a terra natal desde o momento do nascimento, para que o leite das mães venha entremesclado a um amor indelével pela pátria, à qual permanecerão ligados até a morte (P iii 966; S 189). É lá que Rousseau fala dos exercícios coletivos de ginástica realizados publicamente, com prêmios por mérito decididos pela aclamação dos espectadores (P iii 968; S 191). As referências a Platão em todas as obras de Rousseau são mais numerosas do que a qualquer outra autoridade, afora Plutarco e a Bíblia, e é nessas passagens dedicadas a uma educação cívica, junto com a *Carta a D'Alembert sobre o teatro*, que se faz mais evidente a influência da *República* de Platão sobre a filosofia rousseauniana.

São também esses textos, além das *Cartas da montanha*, que mostram com maior clareza a influência das *Leis* de Platão. Quando Rousseau, na oitava de suas *Cartas da montanha*, observa que um povo livre pode ter líderes, mas não senhores, em sua obediência a leis sábias (P iii 842), ou quando, no *Discurso sobre economia política*, ele fala da obra celestialmente maravilhosa da lei a que os homens devem sua justiça e liberdade (P iii 248-9; S 9-10), sua principal dívida é para com o conceito de lei de Platão. Na filosofia rousseauniana, a lei está para os cidadãos basicamente nos mesmos termos em que Deus está para os que O amam e o soberano está para seus súditos. É uma presença que leva a um enobrecimento espiritual, cuja autoridade é reconhecida em sua imposição externa e, ao mesmo tempo, profundamente sentida no íntimo da alma humana. A essa noção de essência platônica e depois cristã de um princípio ordenador sagrado que obriga o íntimo do homem, Rousseau iria acrescentar a dimensão da liberdade e um elemento volitivo vital, que formariam o núcleo de sua teoria da vontade geral, de onde Kant viria a extrair uma grande inspiração para sua ideia de autonomia e sua filosofia moral como um todo. Mas em *Emílio*, que traça as linhas apenas de uma educação doméstica, essas características da vida pública e da participação cívica desempenham um papel insignificante na argumentação de Rousseau.

Como muitas de suas grandes obras, *Emílio* foi concebido em larga medida como refutação de outras ideias sobre o mesmo assunto. Se a seção que compõe a "Profissão de fé do vigário saboiano" procura refutar Locke e Helvétius, a argumentação mais ampla do conjunto da obra sobre a educação em geral se contrapõe igualmente às doutrinas desses dois autores – quanto a Helvétius, novamente *Sobre o espírito*; quanto a Locke, *Pensamentos sobre a educação*, de 1693. A primeira página do prefácio de *Emílio* anuncia a originalidade do tema que Rousseau está para apresentar, seguindo-se à obra de Locke (P iv 241; E 33), e a partir daí multiplicam-se as referências ou alusões a ela, sendo a mais importante a seguinte observação no Livro ii: "Raciocinar com as crianças é a grande máxima de Locke". Essa orientação, como se especificava nos *Pensamentos sobre a educação* (§ 81), deveria se adequar às capacidades da criança, mas Rousseau considerou absurda toda a concepção lockeana de raciocinar com as crianças, não existindo nada mais perigoso do que moldar mentes imaturas, em especial no período entre o nascimento e a puberdade, e nada mais tolo do que uma criança submetida à lógica coercitiva do discurso racional (P iv 317, 323; E 89, 93).

"A natureza quer que as crianças atravessem a infância antes de se tornarem adultas", insiste Rousseau em *Emílio* e *A nova Heloísa*. "Conhecer o bem e o mal e perceber a razão dos deveres do homem não são assuntos para uma criança" (P ii 562;P iv 318-19; E 90; J 461). Locke havia observado (§ 110) que o hábito da liberalidade poderia ser cultivado entre as crianças organizando suas atividades de maneira a garantir que concluíssem pela experiência que a pessoa mais generosa sempre se sai melhor (P iv 338; E 103). Mas, em *Emílio*, Rousseau deixa claro que discordava por experiência própria. Talvez sintetizando três ocasiões diferentes entre 1735 e 1742, em Chambéry, Lyon e Paris, quando foi preceptor de pequenos tiranos incontroláveis que lhe infernizavam a vida com seus caprichos, ele comenta que aprendeu a duras penas que a única maneira de conseguir que uma criança faça o desejado é não prescrever nada, não proibir nada, não exortar a nada e evitar entediá-la com lições inúteis (P iv 364-9; E 121-4). São orientações muito diferentes dos preceitos sinceramente atentos e solícitos que ele havia apresentado em dois artigos

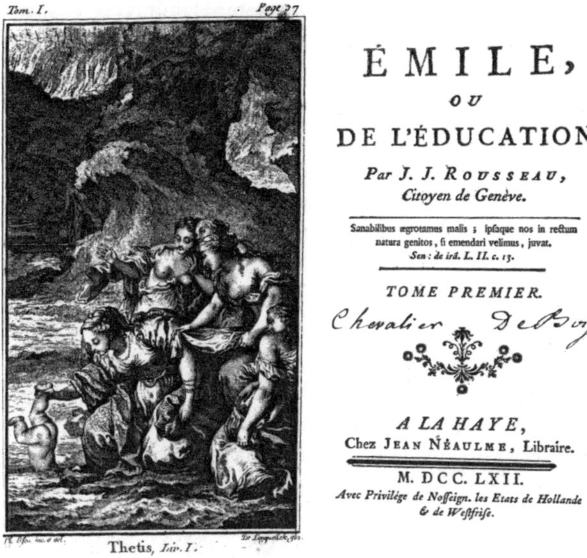

ÉMILE,
OU
DE L'ÉDUCATION.
Par J. J. ROUSSEAU,
Citoyen de Genève.

Sanabilibus ægrotamus malis ; ipsaque nos in rectum natura genitos, si emendari velimus, juvat.
Sen : de irâ. L. II. c. 13.

TOME PREMIER.

Chevalier De Boisse

A LA HAYE,
Chez JEAN NÉAULME, Libraire.
M. DCC. LXII.
Avec Privilége de Nosseign. les Etats de Hollande & de Westfrise.

20. Frontispício e página de rosto de Émile (1762).

que escrevera, quando jovem, a Jean Bonnot de Mably, pai de um daqueles pupilos horríveis e irmão do historiador Mably e do filósofo Condillac (P iv 1-51); mas, na meia-idade, tendo abandonado os próprios filhos e sem essas responsabilidades espinhosas, ele podia falar com maior liberdade. Locke considerava sensato encher o quarto da criança com recursos que podiam ser usados para ensiná-la a ler, enquanto ela imaginava que estava apenas brincando, como, por exemplo, colar letras em cubos (§§ 148-55). Uma pena que Locke tenha esquecido a vontade da criança de aprender, retruca Rousseau, o que permitiria dispensar os cubos (P iv 358; E 117). E acrescenta, no Livro ii, que estava "muito longe de supor que as crianças não raciocinam". Pelo contrário, raciocinam muito bem em assuntos que dizem respeito a seus interesses imediatos e concretos. Mas é um erro fazê-las raciocinar à maneira de Locke sobre o que não conseguem entender ou o que não as afeta de maneira nenhuma, tal como o bem-estar delas no futuro, a felicidade quando forem adultas ou a estima de que gozarão. Para mentes imaturas que não pensam por antecipação, esses interesses são alheios, sem significado e não merecem atenção (P iv 345-6; E 108).

Com outros pedagogos, Locke estava certo em prescrever exercícios físicos para as crianças, que não deviam deformar o corpo com cintos e roupas apertadas, e principalmente com os trajes da moda francesa, tão pouco saudáveis e incômodos não só para as crianças, como também para os adultos. "Pense que sou só rosto", foi o comentário que ele atribuiu a um filósofo cita que saíra nu na neve, quando um ateniense lhe perguntou como conseguia expor ao frio algo mais do que o próprio rosto (§ 5). Por que então Locke não permitia que os pés das crianças enfrentassem os riscos naturais do calor (§§ 7, 30)? E Rousseau sugere que poderia replicar a Locke: "Se queres que um homem seja só rosto, por que me criticas por eu querer que ele seja só pés?" (P iv 371, 374; E 126, 128). O "sábio Locke", tendo estudado medicina, também estava certo em recomendar parcimônia ao ministrar remédios às crianças (§ 29). Mas deveria ter prosseguido em sua própria lógica e reconhecer que nunca se deve chamar um médico, a não ser quando a vida do paciente está em perigo, pois só assim esses curandeiros profissionais não causariam maior dano do que matar o doente (P iv 271; E 55).

Segundo Rousseau, a filosofia pedagógica de Locke, embora apresentasse alguns detalhes admiráveis, era equivocada em seu conjunto, porque tomava as crianças como adultos imaturos, aprendizes treinando para a maturidade, cultivando habilidades e aprendendo ofícios para se preparar como futuros cavalheiros, entre eles o de escrituração comercial (§§ 201-11), que Locke tanto dominava e talvez não tenha igual entre os principais pensadores da civilização ocidental. Mas ser um verdadeiro cavalheiro é ser "um joguete da opinião pública", cortejando a lisonja, insinua Rousseau e acrescenta na página inicial do Livro v que não tem "a honra de criar um cavalheiro" e, por isso, tomará o cuidado de não imitar Locke nesse aspecto. Quase antecipando Marx em *A ideologia alemã*, em que deplora que os homens sejam apenas caçadores, pescadores, pastores ou críticos, Rousseau argumenta contra Locke que não pretende que seu pupilo seja um marchetador, um dourador, um envernizador, nem um músico, ator ou escritor, embora sua meta seja sobretudo mostrar a distinção entre ofícios úteis e estimulantes e ofícios corruptos e degradantes, e não protestar, à maneira de Marx, contra a forçosa divisão do trabalho em geral (P iv 471-3, 692; E 196-7, 357). Todo o método de Locke, tão permeado de superstições, preconceitos e erros, observa Rousseau, consiste em colocar em primeiro lugar o fim último da educação, começando com uma noção de Deus, uma história da Bíblia e, em termos gerais, o lado espiritual da natureza humana, apenas então passando para o lado físico (§§ 136-8, 190-2). Para formar uma noção adequada do espírito, deve-se começar pelos corpos, mas em sua filosofia da educação, demasiado etérea, Locke consegue apenas lançar os fundamentos do materialismo (P iv 551-2; E 255).

Além disso, Rousseau também pensava que *Sobre o espírito*, de Helvétius, a respeito da educação doméstica, constituía o exemplo contemporâneo mais sinistro daquele materialismo. Numa carta a Jean-Antoine Comparet, de setembro de 1762 (L 2147), e numa nota da primeira de suas *Cartas da montanha* (P iii 693, 1585), Rousseau afirma que sua intenção original era refutar essa célebre obra, mas depois desistira de suas críticas para se dissociar dos sensacionalistas que se manifestavam sobre ela. Os manuscritos remanescentes de *Emílio* sugerem que grande parte de suas objeções a Helvétius pode ter sido reforçada quando ele releu o texto no outono e inverno de 1759-60, mais do que no primeiro contato no ano anterior. Entretanto, além das alusões diretas a *Sobre o espírito* que constam na "Profissão de fé do vigário saboiano", encontram-se objeções explícitas à filosofia sensualista de Helvétius no rascunho de *Emílio* do começo de 1759, o chamado *Manuscrito Favre*, as quais não fazem parte do texto definitivo, além de inúmeras anotações basicamente com o mesmo teor, feitas à margem de seu exemplar da obra de Helvétius, agora na Bibliothèque National em Paris (P iv 113, 344, 1121-30, 1283-4; E 107). Todas essas passagens se concentram na máxima "julgar é apenas sentir" ou derivadas, das páginas iniciais do primeiro discurso de *Sobre o espírito*, que Rousseau considerava absolutamente errada por misturar a impressão passiva e imediata dos objetos e a percepção ativamente construída das relações entre eles.

Na quinta parte de *A nova Heloísa*, onde Rousseau apresenta o tratamento mais completo do tema da educação em seus escritos da maturidade, à exceção de *Emílio*, ele também ataca *Sobre o espírito* por sustentar que o gênio é um produto meramente circunstancial, alegando que isso significa pressupor que nossa mente não passa de argila maleável. Criando uma troca de ideias de Saint-Preux com Júlia, de um lado, e com Wolmar, marido de Júlia, de outro, Rousseau expõe com extrema agudeza o contraste entre sua filosofia da educação e a de Helvétius, como ele a entendia. Wolmar, falando basicamente em favor de Helvétius, insiste que, na ausência de vícios ou erros na Natureza, qualquer malformação no caráter dos homens só pode ser atribuída a uma criação inadequada, ao que Rousseau acrescenta uma nota manuscrita, duvidando de que o autor de *Sobre o espírito*, caso tivesse examinado o assunto da maneira apropriada, tivesse de fato concluído que todas as pessoas são mentalmente indiferenciáveis ao nascer e variam apenas ao crescer. Saint-Preux afirma que, se as diferenças entre nós sempre se devem exclusivamente aos efeitos da educação, então bastaria incutir nas crianças as qualidades que seus preceptores desejam para elas (P ii 563-5, 1672; J 461-3). Concordando com o argumento de Júlia de que a infância tem suas características e sentimentos próprios que não devem ser precocemente acelerados, Saint-Preux sustenta contra Wolmar que cada criança nasce com caráter e talentos que lhe são próprios e exclusivos. A máxima "L'éducation peut tout" [A educação tudo pode], que em 1773 viria se tornar o título de um capítulo de *Sobre o homem*, obra de Helvétius publicada postumamente e que também despertaria objeções de Diderot por razões ligeiramente diversas, era para Rousseau incompatível com qualquer entendimento adequado da natureza do desenvolvimento, da individualidade e da liberdade dos homens.

Em *Emílio*, tal como o diálogo ficcional em *A nova Heloísa*, Rousseau recomenda a difícil arte de governar sem preceitos e de fazer tudo sem fazer nada (P iv 362; E 119), que é exatamente o oposto de treinar a mente ou aprimorar o caráter. A regra mais importante de toda educação não é ganhar tempo, mas perder tempo, tomar o caminho pouco habitual de garantir, informa Rousseau aos leitores, que a primeira educação de uma criança não deixe nenhuma marca sobre ela, mas seja "puramente negativa" (P iv 323-4; E 93-4). Uma educação positiva, à maneira de Helvétius, é a que ele condena na *Carta a Christophe de Beaumont* como tentativa de formar as mentes jovens antes do tempo certo, impondo às crianças os atributos dos adultos. Aqui, mais uma vez, ele defende uma "educação negativa" como o que permite que as crianças sigam seu desenvolvimento próprio, sendo por isso a única espécie de educação que é boa (P iv 945). Mesmo em seu programa de ensino público em *O governo da Polônia*, Rousseau expõe exatamente a mesma proposição. Apenas uma educação negativa, condizente com as disposições naturais das crianças, pode prevenir o nascimento do vício, afirma ele (P iii 968; S 191). Assim, ao refutar Helvétius, Rousseau tende a apresentar em *Emílio* e outros escritos uma concepção dos atributos naturais dos homens em alguns aspectos menos dúcteis, menos maleáveis, do que aparecem no *Discurso sobre a origem da desigualdade*.

Num programa de educação negativa, o conselho aos preceptores é que abandonem os livros e deem aulas em que as crianças possam aprender por experiência própria, às vezes em situações previamente engendradas de modo que transpareça uma possível percepção de que tais situações são decorrentes das coisas, e não dos homens, com isso preservando a liberdade deles, como a define Rousseau em *Emílio*. A leitura, de modo geral, é a praga da infância, comenta ele, e mesmo as encantadoras fábulas de La Fontaine devem ser evitadas, pois a finalidade moral dessas historietas poéticas é inútil para crianças que, muito provavelmente, não entendem o sentido delas e se identificam exatamente com os personagens errados das fábulas (P iv 351-7; E 112-16). Visto que nascemos incompletos, tanto no corpo quanto no espírito, deve-nos ser permitido percorrer naturalmente os estágios de nosso crescimento orgânico, passando do colo para a infância, depois para a puberdade, a adolescência e então chegando à idade adulta – aos quais correspondem aproximadamente os vários livros que compõem o próprio *Emílio*, como obra de educação natural. Com a vida vêm as necessidades, observa Rousseau no Livro i (P iv 272; E 56), mas elas não equivalem aos desejos de uma criança, que a imaginação lhes desperta com tal intensidade que nunca podem ser satisfeitos, tornando-a tirânica em suas ambições e irascível em suas frustrações, por razões que os freudianos mais tarde definiriam como perversidade polimorfa infantil. A criança encontrará satisfação, não na ampliação ilimitada de suas faculdades nem no refreamento de seus desejos, e sim na diminuição do excesso de desejo em relação à força de suas faculdades, colocando sua vontade e seu poder em equilíbrio (P i 304, 312; E 80, 86).

À medida que o corpo e a mente da criança se desenvolvem, suas paixões nascentes criam raízes. Emílio nasceu não para ser solitário, mas, como todos os outros membros da espécie, para ingressar na ordem ou domínio moral da vida social (P iv 522, 654; E 235, 327). Nossa fraqueza nos faz sociáveis, agora sugere Rousseau à maneira de Pufendorf, nossas desgraças comuns nos unindo pelo afeto, tal como nossas necessidades comuns nos unem pelo interesse (P iv 503; E 221). Das reações viscerais da piedade, o primeiro sentimento relativo, brotará a identificação das crianças com o sofrimento alheio, ao assumir seu próprio ser (P iv 505-6; E 222-3). No Livro iv, Rousseau apresenta seu conceito de piedade em três máximas: primeiro, colocamo-nos no lugar não dos mais felizes, e sim dos mais infelizes que nós; segundo, compadecemo-nos dos outros apenas pela desgraça que julgamos que também poderemos sofrer; terceiro, sentimos compaixão não pela extensão do problema alheio, mas pela intensidade do sofrimento alheio (P iv 506-9; E 223-5). Inicialmente na companhia de adultos e depois na de crianças como eles mesmos, os pequenos também descobrem que seus desejos são satisfeitos por aqueles que lhes alimentam o amor-próprio incipiente, graças ao impacto que exercem sobre eles e, mais tarde, a percepção de como são vistos pelos outros. Estendamos o *amour-propre* a outros seres, aconselha Rousseau, assim tornando a percepção de nossa própria potência significativa para os que nos cercam, o que só podemos fazer se recebemos reconhecimento, e convertendo nosso *amour-propre* natural em virtude moral. Nesses termos, muito diferentes do argumento exposto no *Discurso sobre a origem da desigualdade*, a utilidade do *amour-propre* se distingue do orgulho e da vaidade, que agora aparecem como corrupções e não como expressões suas (P iv 494, 534, 536, 547; E 215, 243-5, 252).

Além disso, nossa saída da infância também é prescrita pela Natureza. Em nosso desenvolvimento físico, aos poucos passamos da inocência do desejo ainda ausente para as paixões incipientes da puberdade, que, com manifestações mais visíveis da diferença sexual e a importância mentalmente atribuída a ela, marcam o segundo nascimento das crianças (P iv 489-90, 498; E 211-12, 217). O "fogo da adolescência, longe de ser um entrave à educação, é o meio de consumá-la e completá-la", escreve Rousseau no Livro iv, recomendando que os preceptores respondam às perguntas dos jovens sobre o sexo sem mistérios, sorrisos ou constrangimentos, havendo menos risco em satisfazer a curiosidade sexual de uma criança do que em excitá-la (P iv 496-7, 520; E 216, 233). O nascimento de uma nova paixão também prescreve que, para ser plenamente atendida, ela deve ser devidamente canalizada, de modo que, para ser amado, um rapaz descobre que precisa se fazer amável, e com isso sua própria necessidade sexual alimenta um interesse pela amizade (P iv 494; E 214-15). Aqui especialmente, mas na verdade ao longo de toda a obra, os leitores encontram imagens da transfiguração endógena das paixões humanas, que atingem a fruição com menor impedimento quando não têm a assistência do preceptor de Emílio. Sublimado pela mútua afeição do amor, segundo Rousseau, o impulso egoísta do desejo sexual se enriquece. Locke, pelo contrário, depois de discorrer sobre os benefícios das viagens a outros países, concluíra *Pensamentos sobre a educação* com seu jovem cavalheiro prestes a se casar, entregando-o a partir daquele momento às atenções de sua esposa (§§ 212-13, 215). Rousseau também inclui uma seção sobre viagens no final de *Emílio*, comentando que quem viu apenas um povo não conhece a humanidade (P iv 827; E 451). Mas ele não compartilha o recato de Locke em relação ao sexo e dedica uma parte do quarto livro e a maioria do quinto livro à consumação do sexo no amor e à mútua satisfação do casal.

"A mulher foi feita especialmente para agradar ao homem", declara Rousseau no Livro v, apresentando Emílio a Sofia, a companheira que o preceptor lhe prometeu, como que, à maneira de Deus, atendendo à necessidade de Eva para Adão. Dotada de todos os traços que condizem com sua espécie e sexo, em termos físicos e morais (P iv 692-3; E 357-8), ela tem índole caprichosa, aprendendo pela simples devoção a se tornar também religiosa. Mas, embora tenha consciência de seus dotes naturais, ela não teve muitas oportunidades de cultivá-los e se contentou em treinar sua bela voz para cantar melodiosamente e exercitar seus belos pezinhos a caminhar com delicadeza (P iv 747, 750-1; E 394, 396). Mesmo que Sofia, como outras mulheres, tenha um temperamento mais precoce do que os homens, tendo formado antes sua faculdade de julgamento, a busca das verdades abstratas e especulativas não é tão condizente com ela quanto o é com os homens, pela própria natureza deles, e ela é mais hábil, como sugere o próprio nome, na sofística. Em vez de mergulhar nas profundezas das ciências do raciocínio, as mulhe-

21. "Le premier baiser de l'amour", por Moreau, le jeune, ilustrando *La Nouvelle Héloïse* para a edição Boubers das *Oeuvres* de Rousseau (Bruxelas, 1774-83).

res devem deslizar pela superfície, empregando seus agudos poderes de observação em lugar da maior inteligência dos homens, dedicando-se menos à leitura e mais ao mundo em geral, que é "o livro das mulheres" (P iv 736-7, 752, 791; E 386-7, 397, 426). O sexo frágil não é imperfeito, de maneira nenhuma, pois as mulheres ao nascer são iguais aos homens, e até a puberdade praticamente não se distinguem dos meninos. Mas as mulheres possuem uma constituição diferente da dos homens, e em seu desenvolvimento sexual parecem sempre conservar, em certo sentido, a infância, sempre num estado natural, ainda que não perpetuamente inocente, sendo sua finalidade específica a de gerar filhos (P iv 698-700; E 362-3). A notícia de Emílio ao preceptor, no último parágrafo da obra de Rousseau, de que Sofia está grávida, não apenas anuncia a alegria do pai, mas também a realização da própria vida de

Sofia em particular, com a gestação de um novo pupilo, que Emílio, se não Rousseau, pressupõe ser um menino, cujos cuidados serão confiados a um novo preceptor semelhante ao seu (P iv 867-8; E 480). Sofia, cuja mente é agradável mas não brilhante, sólida mas não profunda, é incentivada a se dedicar apenas aos trabalhos de seu sexo, que ela conhece melhor (P iv 747-8; E 394-5). Diferentes dos homens tanto no temperamento quanto no caráter, as mulheres não devem receber a mesma educação, conclui Rousseau (P iv 700; E 363).

Essas reflexões tiveram entre os defensores da libertação das mulheres contra a tirania dos homens uma acolhida semelhante à que o arcebispo de Paris deu à "Profissão de fé do vigário saboiano". No decorrer da Revolução Francesa, após a Declaração de Direitos Humanos de 1789, Mary Wollstonecraft achava que a falsa dicotomia de Rousseau entre os sexos dava sustentação à recusa masculina em admitir os mesmos direitos para as mulheres; em sua *Defesa dos direitos da mulher* de 1792, ela manifesta a decepção de uma ardorosa admiradora da filosofia rousseauniana da educação, e considera seus comentários sobre as mulheres em *Emílio* incoerentes com suas reclamações, no *Discurso sobre a origem da desigualdade*, contra os que confundem o homem selvagem com o homem civilizado. Wollstonecraft alega com certa razão que ele tinha transformado as mulheres em objeto de piedade, beirando o desprezo, ao defender o deplorável estado em que tinham caído como prova de sua natureza fundamental, assim desacreditando seus elevados sentimentos sobre a espécie humana com comentários frívolos sobre os pezinhos delicados de Sofia.

Mas Wollstonecraft se enganava ao supor que Rousseau via as mulheres com piedade ou desprezo por causa do sexo. Pelo contrário, ele venerava as mulheres e se sentia encantado em companhia feminina, subjugado pela encantadora conversa de Madame de Luxembourg e pelas muitas gentilezas que lhe demonstrou em Montmorency, levado a arroubos de êxtase pela prostituta Zulietta em Veneza, a qual mesmo assim lhe dera um conselho trocista: "Joãozinho, desista das mulheres, vá estudar matemática", quando ele esfriou ao ver os seios desiguais dela num encontro que ele descreve nas *Confissões* como o episódio mais significativo de toda sua vida como revelação de seu caráter (P i 320-2; C 300-2). Em parte, *Emílio* foi concebido a partir de seu amor por outra Sofia – Sophie d'Houdetot – de disposição e temperamento bastante diferentes da Sofia do livro, que na verdade, entre todas as mulheres que o interessaram, foi a que esteve mais longe de seu alcance, a não ser por meio de palavras. Normalmente Rousseau tinha grande respeito e admiração pelas mulheres, considerando tão grande o poder delas sobre os homens que, quando tinham a natureza aviltada, como no caso das mulheres que se tornavam atrizes, eram responsáveis pela degradação dos homens. Este tinha sido o tema principal da *Carta a d'Alembert sobre o teatro*, como confidencia a Toussaint-Pierre Lenieps numa carta de 8 de novembro de 1758 (L 730). "Por toda parte os homens são o que as mulheres fazem deles", afirma ali, atribuindo ao sexo feminino uma influência sobre a vida moral dos homens que, nas *Confissões*, atribuiria em termos muito parecidos ao governo. Os dois sexos nunca devem ser separados, insiste ele, pois um depende do outro – proposição que ficava bastante clara na própria *Carta a d'Alembert*, onde diz que "um lar de onde está ausente sua senhora é um corpo sem alma que logo entra em corrupção" (P v 80; A 88).

Em *A nova Heloísa*, a décima oitava carta da Parte iii, que trata do casamento de Júlia e Wolmar, constitui a consumação romântica e a peça central de toda a obra. Da mesma forma, em *Emílio*, a função principal da passagem sobre Sofia e as mulheres é completar um retrato da formação da identidade de uma pessoa, desde seu isolamento embrionário até o laço conjugal criado pela diferença dos sexos. O objetivo principal de Rousseau não é negar os direitos civis de Sofia nem a educação libertadora do marido. É, antes, mostrar como a alma humana é tomada pelo amor, à maneira de Platão, "o verdadeiro filósofo dos amantes", como diz Rousseau em *A nova Heloísa* (P ii 223 n; J 183 n). É ilustrar para os leitores "como o físico nos conduz insensivelmente ao moral, e como as mais doces leis do amor nascem aos poucos da união grosseira entre os sexos" (P iv 697; E 360), com um ser moral ou *personne morale* plenamente desenvolvido, formado pelos atributos complementares do marido e da esposa, cuja coesão não existiria se o papel da mulher fosse determinado de modo independente. Essa união no matrimônio, que se realiza num cenário doméstico e à qual se chega por uma necessidade física e pelo *amour-propre* espiritual, é totalmente diferente de uma assembleia geral dos cidadãos em associação política, como é descrita no *Contrato social*; o amor no casamento vincula os cônjuges entre si e não ao Estado. "Tendo de combater a natureza ou as instituições sociais, é preciso escolher entre formar um homem ou um cidadão", observa Rousseau no começo do Livro i de *Emílio*, e exclama em termos semelhantes, em algumas notas dispersas sobre a questão da felicidade pública: "Deixai o homem totalmente ao Estado ou entregai-o inteiramente a si mesmo, mas, se dividirdes seu coração, este se partirá" (P iii 510; P iv 248; E 39). O pupilo da Natureza deve ser arrancado da sociedade e deixado a si mesmo, como se fosse um órfão (P iv 267; E 52). O único livro especialmente adequado a ele, e que por muito tempo constituirá toda sua biblioteca, é *Robinson Crusoé* de Defoe (P iv 454-5; E 184).

Capítulo 6

Devaneios errantes

A partir de indicações internas em *A nova Heloísa*, cujo enredo gira em torno de um período de mais de doze anos, partindo aproximadamente de 1732, sabe-se há muito tempo que Rousseau criou um protagonista fictício, Saint-Preux, exatamente de sua idade. Como fica claro nas *Confissões* (P i 430; C 400-1), a essa figura central de sua história ele atribui fraquezas de caráter e refinadas sensibilidades que extraiu deliberadamente de sua personalidade, e ao apresentá-lo como preceptor peripatético considerado pelo pai de Júlia como indigno do amor dela, devido à diferença de nível social, ele transmite a impressão de um herói romântico socialmente marginalizado, condenado à infelicidade, que os leitores realmente poderiam identificar com o autor do texto. Esse paralelo, junto com várias outras semelhanças superficiais entre personagens do romance e figuras que povoavam o mundo de Rousseau na realidade, despertou a hipótese de que a obra de Rousseau mais popular no século XVIII foi concebida como representação ilusória de acontecimentos que ele realmente vivera, uma idealização de sua autobiografia apresentada em forma epistolar, estilo em voga na época para a literatura sentimental. Mas seria mais correto interpretar o ocasional *ménage à trois* entre Saint-Preux, Júlia e Wolmar, bem como os episódios em torno dos quais giram seus relacionamentos, como manifestações de anseios profundos que, na verdade, Rousseau dificilmente poderia exprimir e muito menos satisfazer em sua própria vida. Assemelhando-se até certo ponto a seu contemporâneo Diderot, que muitas vezes se esforçava para atingir o máximo de intensidade operando uma espécie de deslocamento, com o qual apresentava suas opiniões como se estivesse apenas expondo posições de terceiros, normalmente Rousseau permitia que sua viva imaginação desse forma concreta a mundos onde só poderia habitar e sentimentos que só poderia controlar na fantasia.

Quando começou a conceber o romance, Rousseau comentou que foi em larga medida – porque já tinha passado da idade para o amor e haviam definhado todas as esperanças de consumar um desejo que Thérèse era incapaz de despertar nele, – que se deixou conduzir pela imaginação a uma "terra de quimeras", um campo empíreo habitado pelas mais perfeitas criaturas, de beleza e virtudes celestiais, de lealdade e fidelidade que jamais conhecera entre seus amigos na terra. Foi de sua intensa atração por esse "mundo encantado" que nasceu *A nova Heloísa* (P i 427-8; C 398). O romance apresenta os segredos de um amor pleno de êxtases arrebatados que, mais tarde, ele teria a esperança de ser a verdadeira chave para o coração de Sophie d'Houdetot; mas, apesar dos rumores sobre a natureza de sua paixão por ela – orquestrados pelos ciúmes de Madame d'Épinay e que logo provocariam uma das grandes crises da vida de Rousseau, inclusive o rompimento com Diderot e por fim seu afastamento da maioria dos amigos parisienses –, Rousseau nunca conquistou Sophie como, em sua imaginação, Saint-Preux e Júlia vieram a se seduzir mutuamente. O "ardor erótico" e o "delírio amoroso" que Sophie despertava nele, conforme revela nas *Confissões*, inspiraram duas das cartas mais pungentes do romance (P i 438; C 408), uma sobre o pomar secreto de Wolmar e Júlia no retiro a que ela chamava de *Elyseum*, a outra sobre um dia que Saint-Preux passou com Júlia, na ausência de Wolmar, nas águas e nas margens do Lago Genebra (respectivamente, cartas 11 e 17 na Parte iv). No inverno de 1756, Rousseau já estava tomado de amor pela figura que havia criado em junho, totalmente obcecado por ela e por seu primo Claire, como um segundo Pigmalião, conforme observa nas *Confissões* (P i 436;C 406). A entrada explosiva de Sophie em sua vida no ano seguinte, após um breve encontro anterior sem maior importância, levou-o a atribuir todos os encantos de Júlia à sua nova companheira, logo passando a sonhar apenas com a própria Sophie, quando sentiu tremores tomarem conta de si e uma paixão assoberbante por um objeto agora real.

Por seu lado, Sophie, embora se sentisse envolvida pela íntima proximidade de Rousseau, tal como ele se sentia envolvido por ela, não se entusiasmou da mesma forma. Ambos mesclavam suspiros e lágrimas, ambos inebriados de amor, Rousseau por Sophie, e Sophie pelo amado ausente, Saint-Lambert, que Rousseau já tinha conhecido num contato independente e com o qual já estava começando a estabelecer relações de amizade naquela mesma época. Assim, seu amor não correspondido por Sophie vinha acompanhado de uma terceira presença, o que intensificava a necessidade de Sophie de ter um confidente em Rousseau, ao mesmo tempo tornando impossível a ele, que a amava com profundo respeito, procurar uma maneira de possuí-la. Mas depois de sentir despertar em si, por uma espécie de contágio, todo o desejo que Sophie sentia por Saint-Lambert, Rousseau agora só poderia consumar uma paixão redobrada por meio da catarse de infundi-la em Júlia, mulher que podia ter apenas em sua imaginação, que a criara. O genuíno afeto de Sophie por ele, comenta Rousseau, era uma doce taça de veneno que ele sorvia longamente (P iv 440; C 410). Os quatro meses que passaram juntos, numa intimidade com palpitações tão deliciosas que Rousseau afirma jamais ter sentido com qualquer outra mulher, foram mantidos dentro dos limites do dever, o qual, por prescrever a negação dos próprios desejos, fez com que sua alma mantivesse a radiosa circunspecção da inocência forçada, como ele iria informar à própria Sophie numa carta admirável que lhe enviou em outubro de 1757 (L 533), e que mais tarde serviria de modelo para essa passagem das *Confissões*. E ainda assim seus sentidos se excitavam tanto às imagens de um sonhado beijo que, quando andava pelas colinas de Andilly até a casa dela em Eaubonne, a quase cinco quilômetros do *Eremitério* onde morava, seus joelhos tremiam, o corpo se dobrava e, incapaz de se distrair e pensar em outra coisa, Rousseau ejaculava e chegava à casa de uma amada que não poderia conquistar, com as forças exauridas, purgadas dos arroubos de êxtase de sua própria imaginação, apenas para se sentir novamente excitado por seu "vigor sempre sem uso" à simples visão de Sophie (P i 445; C 414-15).

Se na literatura Rousseau podia criar um mundo purificado dessas incômodas ansiedades e frustrações, nos outros textos ele procurava prazeres igualmente beatíficos, expurgando as paisagens morais das instituições intratáveis e das crenças tortuosas que ele entendia como obstáculos à realização pessoal do ser humano. O mundo de fantasia que construíra em *A nova Heloísa*, frágil e delicado por causa da tensão dramática, mas também iluminado por uma elegância despojada, encontrava correspondência em outros escritos seus, com a desmontagem de mundos opacos e opressivos, substituindo-os por idealizações de sua obra literária. Na *Carta a d'Alembert sobre o teatro*, em boa parte redigida simultaneamente a *A nova Heloísa* e tratando de vários temas coincidentes, ele faz um contraste entre as diversões saudáveis de uma república – notavelmente parecida com Genebra –, onde os festejos se realizam ao ar livre, sob o céu, e os perniciosos entretenimentos dos moradores de uma cidade grande – muito parecida com Paris – que, indolentes e intrigantes, depravados pela preguiça, procuram seus prazeres em distrações hipócritas apresentadas num palco. E diz ele: melhor que os espectadores sejam o próprio espetáculo, cada

22. Madame d'Houdetot, por Corot.

um recebendo um papel ativo para encenar, em vez de ficar como mera testemunha amando a si mesma estampada nos outros, "para que todos alcancem uma melhor união" (P v 53-4, 114-15; A 58, 125-6). O melancólico Jaques de Shakespeare em *Como gostais* podia lamentar que "O mundo inteiro é um palco", mas Jean-Jacques gostaria muito que o fosse.

No *Discurso sobre a origem da desigualdade*, ele já havia formado uma imagem do selvagem também fantasiosamente expurgada das impurezas e contaminações da sociedade, tanto quanto eliminara de Júlia todas as imperfeições terrenas das mulheres. Em *Emílio*, ele criaria um padre igualmente imaginário, concebido a partir da abstração de seres reais, cuja sublimação de uma divindade não misteriosa na Natureza seria apresentada como uma purificação espiritual da autêntica fé religiosa, despida de todas as armadilhas cerimoniais de uma Igreja profana. Enquanto "o mundo real tem seus limites, o mundo da imaginação é infinito", observa Rousseau no Livro ii de *Emílio*, acrescentando no Livro iv, em resposta àqueles leitores que achavam que ele habitava apenas um mundo de fantasia, que eles lhe pareciam estar "sempre na terra do preconceito" (P iv 305, 549; E 81, 253). A maioria de seus escritos principais, ficcionais e não ficcionais, corroboram o comentário de James Boswell, numa carta de 15 de outubro de 1766 a Alexandre Deleyre, de que Rousseau tinha ideias "totalmente visionárias e impróprias para um homem em sua posição" (L 5477). Aquela "excitação involuntária", "ardor devorador" ou "sublime frenesi", aquele "fogo sagrado", "nobre delírio" ou "entusiasmo sagrado", todos citados num mesmo parágrafo da quarta carta de suas *Cartas morais* a Sophie (P iv 1101), faz com que nossas faculdades se desprendam dos vínculos terrenos. Onde nossa razão rasteja, nosso espírito voa, observa ele. Nenhum outro autor setecentista inspirou com maior vigor o movimento romântico que surgiu, sobretudo na Alemanha e na Inglaterra, ao final da era do Iluminismo, com tanta intensidade de sentimentos, tanto arrebatamento dos sonhos e tanta espontaneidade da imaginação.

Mesmo antes que absorvessem sua atenção nas principais obras que hoje são as mais lembradas de Rousseau, seus devaneios errantes o levaram fecundamente para a música, campo para o qual havia nascido, como insiste ele nas *Confissões* e nos *Diálogos* (P i 181, 872; C 175). Nas reflexões sobre a inadequação da língua francesa para a expressão musical e nas objeções aos argumentos de Rameau sobre o predomínio da harmonia em relação à melodia, Rousseau concebia que a música tinha sido outrora a forma viva adotada pela linguagem natural dos homens, simples e rude, de uma cadência tão mágica quanto o encanto de Júlia aos olhos de sua imaginação. Uma linha musical cantada com convicção e inflexões claras, sem ornamentação orquestral nem recitativos operísticos, era em alguns aspectos a imagem mais populista entre todas as criadas pela fantasia de Rousseau, considerando-a como o meio arcaico de expressão da humanidade, a linguagem primordial perdida da fala ainda não subjugada. Despida das pretensões de que os modos dominantes e subdominantes da escala ocidental eram inerentes a todas as formas musicais, sua natureza primordial poderia ser rastreada, na filosofia de Rousseau, até suas raízes essencialmente poéticas, e seria possível reconstruir suas transformações progressivas de arte antiga a ciência moderna, da mesma forma que ele tratou a autodomesticação da humanidade em outros aspectos.

Mas as origens da música moderna e ocidental não eram tão remotas quanto as da desigualdade, e assim Rousseau podia avaliar o curso de sua evolução em termos muito menos especulativos. Já em suas contribuições para a *Encyclopédie*, ele havia mostrado um verdadeiro domínio da história da música e dos gêneros musicais, em particular da teoria musical contemporânea, abordando os temas em seus verbetes "Acompanhamento", "Dissonância" e "Baixo fundamental", que desenvolviam em larga medida os conceitos do próprio Rameau sobre a modulação harmônica e as ressonâncias secundárias de uma mesma nota, levando Diderot e d'Alembert a objetar, no sexto volume da *Encyclopédie*, que

Rameau havia difamado grosseiramente um homem que, na verdade, era em larga medida fiel aos princípios dele. Mesmo nas versões aumentadas desses artigos, que incorporou a seu *Dicionário de música* de 1767, Rousseau ainda reconhece uma profunda dívida em relação à *Teoria da harmonia* de Rameau, publicada em 1722. Mas, para atender ao prazo inicial dado por Diderot, ele havia escrito os verbetes originais em apenas três meses, e depois disso procurou por muito tempo uma oportunidade para voltar a eles, ampliá-los, aprofundar suas diferenças com Rameau onde elas surgissem, e trabalhar temas que antes não tivera ocasião de abordar.

O *Dicionário de música* foi concebido como uma obra de referência e, ao contrário da maioria dos outros projetos a que se dedicou em *L'Ermitage*, depois de sair de Paris, não lhe despertou grandes voos da imaginação. Por isso, como observa nas *Confissões*, ele o deixava de lado quando fazia os passeios diários durante os quais se entregava a devaneios e excepcionalmente elaborou suas ideias para o dicionário dentro de casa, sentado, em dias de chuva (P iv 410; C 382). Mesmo assim é uma de suas grandes obras, muito abrangente em seu tratamento de temas históricos, técnicos e teóricos, não só tornando as complexidades das doutrinas de Rameau mais inteligíveis para os leitores leigos, como havia tentado d'Alembert, mas também fornecendo no artigo sobre as "Notas" comentários exaustivamente revisados e mais substanciais sobre as práticas de notação musical antigas, medievais e modernas; um novo ensaio sobre a história do drama lírico (que na *Encyclopédie* ficara a cargo de Grimm, com o título de "Poema lírico") no artigo sobre a "Ópera", e uma análise da teoria musical de Tartini em seu artigo sobre o "Sistema". Charles Burney, que antes tinha traduzido o libreto da ópera de Rousseau, *Le Devin du village*, para o inglês, com o título de *The Cunning-Man*, em sua *História geral de música,* tomou a defesa de Rousseau contra os críticos da *Carta sobre a música francesa* e o *Dicionário de música*, enquanto o próprio Rousseau, que tinha escrito uma avaliação decididamente ambígua da ópera *Alceste* de Gluck

(1767), teria sugerido, ao que consta, que a admirável *Ifigênia em Áulis*, do mesmo Gluck (1774), com libreto em francês, talvez finalmente desmentisse sua ideia de que era impossível escrever música com a letra em francês.

Mas, mesmo no *Dicionário de música*, Rousseau reiterou e reforçou ideias que lhe haviam acendido a imaginação no final dos anos 1740 e começo dos anos 1750. Num novo artigo sobre o canto monofônico, ele observa que foi quando os cristãos começaram a formar igrejas e a cantar salmos e hinos que a vívida música da antiguidade perdeu toda a energia. Rousseau acrescenta no artigo sobre "Música" – repetindo observações que já havia feito na *Encyclopédie* e citando as *Leis* de Platão – que sabemos, tanto pelas Escrituras quanto pelas fontes clássicas, em especial os pitagóricos, que outrora os coros cantavam em versos a lei divina e a lei humana, além de exortações virtuosas, não existindo maneira mais eficaz de ensinar aos homens o amor à virtude. Tudo o que se pode evocar na imaginação brota do poder da poesia, da qual nasceu a música, afirma Rousseau nos artigos sobre a "Imitação" e a "Ópera", em ambos os casos mostrando seu desapreço e pouca capacidade de discernimento das forças emotivas da pintura, em oposição à sua sensibilidade musical – talvez a diferença mais marcada entre seu juízo estético e o de Diderot. Rousseau argumenta que, ao contrário da pintura, que se dirige apenas a nosso sentido da visão, a música transporta a visão para a audição, e chega a pintar objetos invisíveis, como a noite, o sono, a solidão e o silêncio, o som por vezes causando o efeito de absoluta tranquilidade e o silêncio gerando o efeito do som, como bem sabem as pessoas que adormecem a uma leitura monótona e despertam quando ela se interrompe. Rousseau manteve interesse pela música durante toda a vida, quando menos porque, tendo decidido por volta de 1750 transcrever partituras para ter alguma fonte de renda regular e independente, ele teve nessa ocupação, quase até o final de seus dias, um dos poucos meios de subsistência com que podia contar, como escritor resolvido a recusar todos os favores e

23. "Air chinois" do *Dictionnaire de musique* (Paris, 1767).

pensões, assim evitando dívidas que pudessem ameaçar sua liberdade. No estado de grande perturbação mental em que acabou fugindo da Inglaterra na primavera de 1767, mesmo assim ele foi convencido por Hume a aceitar um presente do rei Jorge III, que acabou ficando muito mais demente do que ele, e foi assim que, contra seus princípios, Rousseau recebeu cinquenta libras a troco de nada. Sua transcrição de um "air chinois" [ária chinesa] no *Dicionário de música*, adaptada da *Descrição da China*, de Jean Baptiste Du Halde (1735), iria figurar na abertura de *Turandot* de Weber e nas *Metamorfoses sinfônicas* de Hindemith.

De volta à França, nos três anos seguintes Rousseau se tornou andarilho à mercê da sorte, tanto no espírito quanto na realidade, viajando sob o manto do anonimato como Monsieur "Renou", junto com sua empregada, apresentada como sua irmã. O amante mais sincero da verdade durante o Iluminismo, que até aquela data tanto devotara suas energias a desmascarar a hipocrisia, agora andava disfarçado, saindo de Trye, na fronteira da Normandia, passando por Bourgoin e Monquin em Dauphiné, até Lyon e por fim chegando a Paris, tendo parado no caminho para visitar o túmulo de Madame de Warens em Chambéry e logo depois desposado Thérèse, em meandros que se faziam ainda mais furtivos por causa de seu principal patrono daquela época, o Príncipe de Conti – que na verdade era um guarda se fazendo passar por protetor –, enquanto as autoridades das quais tentava escapar simplesmente o ignoravam, por julgá-lo mais maluco do que perigoso. Foi especialmente nesse período que ele passou a

24. Rousseau colhendo ervas, por Mayer.

se interessar por botânica, a grande paixão de seus anos de declínio. Em Môtiers, depois de fugir de Montmorency, ele já conhecera o famoso botânico Jean-Antoine d'Ivernois, e havia feito longas excursões botânicas pelos campos dos arredores com o pseudobarão húngaro Ignaz de Sauttersheim, o Pierre Loti daquela época, cuja vida era ainda mais fictícia do que todas as fantasias de *A nova Heloísa*. Em Staffordshire, Rousseau colhera fetos e musgos. Mas foi no final dos anos 1760, sozinho ou com companhias variadas, nos fundões de Trye, Lyon, Grenoble, Bourgoin e Monquin, que ele veio a dedicar a maior parte do tempo ao estudo das plantas, às vezes despertando suspeitas de ser feiticeiro.

Voltando a Paris no verão de 1770, ele retomaria a profissão de transcrever música, todos os dias de manhã, e à tarde saía para colher plantas e ervas em longos passeios que fazia fora da cidade. Em várias datas entre 1771 e 1773, ele escreveu oito longas cartas sobre temas botânicos a

Madame Madeleine-Catherine Delessert, por quem tinha se entusiasmado após um encontro anterior em Lyon e que queria avivar a curiosidade natural de sua filha de quatro anos de idade, incentivando-a a se interessar por plantas. Essas cartas, a que nos quatro anos seguintes se sucederam outras dezesseis sobre temas parecidos, para destinatários variados (todas publicadas nas obras completas de Rousseau em 1782), iriam despertar o interesse de Thomas Martyn, professor de botânica em Cambridge que ocupou a cátedra por 63 anos e, pelo menos durante uma parte deles, utilizou sua própria tradução das referidas cartas de Rousseau em seus cursos; e também foram adotadas pelo pintor Pierre Joseph Redouté, que as ilustrou para uma edição de luxo dos textos botânicos de Rousseau, publicada no começo do século XIX. Por volta da mesma época, Rousseau também compilou um dicionário de termos botânicos, que não chegou a concluir. Continuou a reunir espécimes e montar coleções, nas quais já tinha trabalhado antes, sendo que algumas sobreviveram, embora a maior delas, com onze volumes, pereceu com o museu botânico de Berlim, na Segunda Guerra Mundial.

O interesse que Rousseau veio a adquirir por botânica parece uma escolha sensata para um homem cujas faculdades se faziam mais ativas ao caminhar, cuja mente só trabalhava junto com as pernas, como diz ele nas *Confissões* (P i 410; C 382). Aqui, finalmente, o filho idoso da Natureza podia comungar diretamente com o grande espetáculo da Criação, que sempre havia contemplado com respeito e admiração – como um Emílio mais jovem, atingindo o contentamento, com seu poder e com sua vontade em equilíbrio. Era um assunto cujas fragrâncias e cores alegres podiam preencher a imaginação, um paraíso arcádico de amor vegetal, que igualmente seduzira o poeta Andrew Marvell um século antes. No Segundo Passeio de seus *Devaneios*, ele relembra o doce prazer que sentira ao ver e enumerar as plantas ainda em flor nas campinas entre Ménilmontant e Charonne, perto de Paris, agora parcialmente ocupadas pelo Cemitério Père Lachaise (P i 1003-4; R 36-8). No Sétimo

Passeio, basicamente dedicado às árvores e às plantas que são "as vestes da terra", ele saboreia a lembrança de um desfiladeiro na montanha, onde havia encontrado ciclamens e cardaminas, e ouvira os gritos do mocho orelhudo e da águia, num canto tão profundamente perdido nos recessos da terra que, ao se sentar em almofadas de *lycopodium*, sonhou que havia chegado ao refúgio mais remoto e mais agreste de todo o universo, como um segundo mas solitário Colombo, um santuário onde seus perseguidores jamais iriam encontrá-lo (P i 1062, 1070-1; R 108, 117-18). Aqui, agora evocado como uma expedição botânica que havia feito nas redondezas de Môtier por volta de 1764, ficava o *Elyseum* pessoal de Rousseau, originalmente inspirado na primavera de 1757 pela chegada de Sophie d'Houdetot em sua vida, e descrito em *A nova Heloísa*, em termos notavelmente parecidos, como o pomar secreto de Júlia, "o recanto mais agreste, mais

25. Retrato de Madame de Warens numa gravura oitocentista de Leroux.

solitário da Natureza" (P ii 471; J 387). Seu amor por Sophie passara de um coração das trevas a outro, ambos cativantes, numa rememoração da própria vida imitando a própria arte. Do despertar sensual para a ficção e para a recordação de imagens agora metaforizadas, Rousseau – neste e em muitos outros aspectos o Proust do século XVIII – fazia ressoar em uníssono a botânica e o devaneio.

Nem sempre Rousseau sentira tal inclinação pelo estudo das plantas. Se tivesse sucumbido à tentação de seguir Claude Anet, o jovem herborista que Madame de Warens havia contratado em Chambéry e com quem Rousseau partilharia o amor dela, ele poderia, segundo insinua, ter se tornado um grande botânico. Mas, ignorando os encantos dessa atividade, ele se deixara dominar pelo preconceito popular de que era uma ciência nos moldes da química ou da anatomia, ligada à medicina ou à farmacologia, própria apenas para boticários, como diz nas *Confissões*, nos *Devaneios* e mesmo na introdução a seu dicionário de termos botânicos ((P i 180-1, 1063-4; P iv 1201; C 175; R 109-10). Mais tarde descobriu que nada podia estar mais longe da verdade. E em que outra ciência poderia passar o tempo? Como seria capaz de caçar animais, apenas para submetê-los à força quando os apanhasse e então dissecá-los, para entender como funcionavam? Se estivesse fraco demais, certamente poderia empalar borboletas; se estivesse lento demais, poderia se dedicar a lesmas e minhocas; mas todos esses cadáveres fétidos, esqueletos pavorosos e vapores pestilentos não eram para ele. Nem desejava estudar as estrelas com instrumentos e máquinas. Mas flores brilhantes, sombras frescas, regatos, bosques, campinas, clareiras verdes lhe haviam purificado a imaginação, observa ele no Sétimo Passeio dos *Devaneios*. A Própria Natureza havia colocado as plantas ao alcance do homem, brotando sob os pés de alguém cujo espírito já se assentara ali (P i 1068-9; R 114-15).

Rousseau reconhece em seu dicionário que, evidentemente, não se pode confundir o estudo sistemático e meticuloso das plantas com as sensações agradáveis que elas o inspiram (P iv 1220-1). A botânica, como observa nos *Devaneios*, era essencialmente uma ciência taxonômica que, se não exigia necessariamente a dissecação dos objetos de estudo, mesmo assim procurava classificá-los e estabelecer a finalidade de sua organização interna. Assim, tanto no dicionário quanto nas cartas botânicas, Rousseau dedica atenção às partes dos frutos e das flores – pistilos, cálices e panículas das plantas – cuja identidade e função ele aprendera em várias obras com autoridade no assunto, em especial o *Systema naturae, Philosophia botanica* e *Regnum vegetabile* de Lineu, o grande botânico do século XVIII, com quem se correspondeu em certa ocasião, além de um ensaio escrito por um dos principais editores de Lineu, Johann Anders Murray. Às vezes Rousseau confundia as descrições de uma planta ou de um órgão, e houve casos em que entendeu mal os princípios que tomou de empréstimo. Além disso, talvez porque preferisse a botânica à zoologia, nunca lhe ocorreu que as plantas também podiam ser estudadas em termos de sua história natural ou de seu desenvolvimento artificial, segundo as linhas adotadas por Buffon em seus comentários sobre a degeneração das espécies, que tanto haviam influenciado a explicação de Rousseau sobre o desenvolvimento da humanidade no *Discurso sobre a origem da desigualdade*. Se não para a ciência da natureza humana, pelo menos nas pesquisas botânicas seu modelo era Lineu, não Buffon. Mesmo assim, tinha o tipo de inspiração própria de um homem cujo intelecto e sensibilidade atingiam o máximo de atividade quando estava sozinho, ao ar livre, caminhando e celebrando a Natureza. A botânica, observa ele nos *Devaneios* (P i 1069; R 115), é o tema ideal de estudos para o homem solitário, ocioso e desocupado.

Mas não foi o único campo de estudos a que Rousseau se dedicou na solidão, imposta a ele ao se afastar da sociedade, e ao mesmo tempo apreciada por causa da liberdade que permitia aos voos de sua fantasia. Houve um outro assunto que o ocupou nos últimos anos de vida, cuja atração era ainda maior, não só por se tratar de algo inevitável, mas também porque as reflexões sobre tal assunto sempre lhe forneceram a lente crítica com a qual examinava todas as outras coisas – a saber, ele mesmo. Rousseau diz que foi por volta de 1760 que pensou pela primeira vez em escrever uma autobiografia, e em 1765, com todas as principais obras a que tinha se dedicado quase dez anos antes em *L'Ermitage* já impressas, prontas para o prelo ou abandonadas, ele se entregou seriamente às *Confissões*, que montou basicamente a partir de sua volumosa correspondência, incluindo cópias ou rascunhos de suas próprias cartas, que havia guardado. Conhecendo os hábitos, a eloquência e a tendenciosidade de Rousseau, alguns de seus ex-amigos, que tinham certeza de que ele iria difamá-los, tomaram a precaução de difamá-lo também, fosse de antemão ou ao mesmo tempo, entre eles Madame d'Épinay, a qual, em troca da solicitude e da afeição de ter lhe oferecido o primeiro refúgio, tinha sido injustamente acusada por ele de duplicidade e traição. As indiscrições originais de Madame d'Épinay, referentes aos sentimentos de Rousseau por Sophie, nunca tinham justificado as venenosas acusações dele contra ela, mas agora ela iria devolver seus insultos e grosserias com juros. Com Diderot, ela solicitou e obteve uma proibição oficial de que Rousseau, de volta a Paris, fizesse qualquer leitura pública do manuscrito das *Confissões*, e com a ajuda de Grimm e Diderot, como seus próprios textos remanescentes deixam muito claro, ela remontou e até reescreveu as cartas que havia trocado com Rousseau na época do rompimento, para fazer com que ele parecesse pérfido ao longo de todo o relacionamento que tiveram, conforme a narrativa que ela apresenta em suas pseudomemórias, publicadas postumamente em 1818, conhecidas como *História de Madame de Montbrillant*. Em parte tentando se proteger contra as calúnias de Rousseau, mas também por um desprezo genuíno e até crescente por um homem cuja escandalosa vaidade lhes parecia ilimitada, os inimigos de Rousseau lançaram mão de uma série de estratagemas para desacreditá-lo, o que, obviamente, tinha como único efeito corroborar, não só a desconfiança original que ele nutria quanto ao caráter de tais pessoas, mas também suas suspeitas de uma conspiração para difamá-lo. Nunca houve em toda a história da civilização ocidental nenhuma outra grande figura que superasse Rousseau em sua capacidade de confundir a mera imprudência com intenções malévolas, levando a consequências numa escalada assustadora.

Em *Rousseau, juiz de Jean-Jacques*, mais conhecido pelo subtítulo de *Diálogos*, na maior parte redigido entre 1772 e 1774, ele dá rédeas largas à sua paranoia agora realmente espantosa. Rousseau coloca na voz de um interlocutor, simplesmente chamado "o francês", a acusação de que ele é um urso que precisa ficar acorrentado para não devorar os camponeses (P i 716). Já que sua escrita envenenada é tão temida, como tais cavalheiros tão apreensivos com esse monstruoso misantropo podem conspirar tão assiduamente

26. Retrato de Rousseau, por Ramsay.

para persegui-lo e acuá-lo (P i 725)? Procurando falar de si visto de fora, Rousseau constrói um personagem que não consegue recuperar a espontaneidade de sentimentos, nem demonstrar a autenticidade dos motivos do homem que foi no passado, visto que o acesso à personalidade fica impedido com essa exclusão como autor, o qual agora, devido à presença de seu outro, aparece inelutavelmente separado do tema da obra. Os *Diálogos* viriam a ser publicados em 1780 em Lichfield, terra natal de Samuel Johnson. Concebidos nos desvarios da razão de uma maneira mais frenética do que qualquer outro escrito de Rousseau, os diálogos formam um texto que o autor tentou entregar à humanidade como que se desincumbindo dele, pois pretendia deixá-lo às mãos da Providência depositando-o no altar de Notre-Dame, mas descobriu que o recinto tinha sido fechado, e com isso seu apelo natimorto ao mundo foi silenciado e mesmo a fuga de si próprio lhe foi negada. Em data recente, ele atraiu a atenção de Michel Foucault, em particular, o qual incluiu o texto numa edição moderna. Mas hoje raramente é lido, e ainda mais raramente lido sem dor.

A última grande obra de Rousseau, os *Devaneios*, iniciada em 1776 e inacabada por ocasião de sua morte, é de caráter radicalmente diverso. A abertura, uma das passagens mais pungentes que ele escreveu em toda a vida, capta as atribulações de uma existência agora expurgada de suas ansiedades, e é apresentada como se fossem as últimas linhas da obra, rememorando tudo o que se passara antes: "Eis-me, pois, sozinho na terra, não mais tendo irmão, vizinho, amigo ou sociedade além de mim mesmo. O mais sociável e o mais amoroso dos seres humanos foi dela banido" (P i 995; R 27). Numa série de Dez Passeios ou *promenades*, que se encerram com o retorno à sua querida *maman* e à paz idílica que desfrutara com ela na juventude, Rousseau retoma muitos temas sobre seu afastamento da sociedade, presentes em seus outros escritos, desenhando o espírito vagueante de um velho, com todas as faculdades agora recuperadas, sempre retrocedendo em espiral para o passado. O Sétimo, o Nono e principalmente o Quinto desses passeios constituem o centro espiritual da obra – o Sétimo revelando a natureza agreste de seu *Elyseum* botânico, o Nono trazendo seu lamento sobre a inconstância da felicidade, o Quinto lembrando o êxtase das águas no santuário de uma ilha –, abrangendo, de fato, a sinfonia pastoral, a heroica e a coral dos devaneios de Rousseau. No Nono Passeio, ele tenta justificar o abandono dos filhos e descreve a impetuosidade juvenil de seu caráter, além da alegria irresistível que sente à mera visão de um rosto feliz. Mas, ao longo do passeio, ele adota um tom de triste resignação a seu destino, insistindo que todos os nossos planos de felicidade não passam de fantasias, não existindo nenhum caminho permanente para o contentamento duradouro.

No Quinto Passeio, ele apresenta sentimentos parecidos com uma convicção mais intensa, afirmando que "tudo está em fluxo constante nesta terra", nossas afeições estando ligadas a coisas exteriores a nós, inevitavelmente mudando e desaparecendo junto com seus objetos, nossas alegrias terrenas não passando de frutos efêmeros de um momento (P i 1046;R 88). Mas no mesmo passeio, rememorando sua fuga de Môtiers em setembro de 1765, quando encontrara refúgio na ilha de Saint-Pierre, no centro do Lago de Bienne, ele evoca imagens de uma enseada tão bela que poderia discorrer sobre cada fio de capim na relva e cada líquen cobrindo as rochas, onde passara tardes explorando salgueiros, persicárias e arbustos de toda espécie, ou se deitara num barco, vagueando para onde o levavam as água, "mergulhado em mil devaneios vagos e deliciosos" – um santuário de felicidade tão sublime que poderia passar sua vida lá, "sem desejar nem por um momento qualquer outro estado" (P i 1042-4; R 83-5). Assim como o Sétimo Passeio transfere o *Elyseum* de Júlia para um passado que, pelo que agora dá a entender, havia realmente vivido, o Quinto Passeio transfere um passeio ficcional pelas margens do Lago Genebra – o qual Saint-Preux também tinha descrito em detalhes admiravelmente parecidos como "o dia em que ele havia experimentado as emoções mais vívidas de toda sua vida" (P ii 521; J 428) –

para um retiro numa ilha de beleza exuberante, que a própria natureza havia apartado do torvelinho artificial da civilização contemporânea. Ao fugir das crises mundanas de sua vida para os devaneios, Rousseau podia dissolver todas as diferenças entre a lembrança e a invenção. Transportado pela própria imaginação, e por ela levado a um domínio celestial de pura bem-aventurança, como descreve em sua terceira carta a Malesherbes, Rousseau podia habitar vários mundos de perfeita placidez, talhados especialmente para ele.

Em seus principais escritos e nas várias disciplinas abordadas, ele procurou dar substância a esses ideais, eliminando todas as instituições que impediam a realização deles, e assim, por meio de um processo de sublime negatividade, podia iluminar campos de linguagem poética e música sem adornos, de natureza humana sem sociedade, uma educação sem professores, uma cidade sem teatros, um Estado sem governantes, uma presença divina sem igrejas. Com essas regressões, Rousseau propôs diversas visões da realização pessoal dos seres humanos num estado de plena liberdade. E assim também se desprendeu mais claramente de sua própria época, o Iluminismo, mostrando-se como o pensador menos limitado pelos pressupostos e convenções dos discursos da época. Em alguns registros, a crítica intransigente de Rousseau ainda se faz ouvir com o mesmo vigor, decorridos mais de duzentos anos desde sua morte. Muitos filósofos e escritores, modernos e pós-modernos, têm amiúde uma dívida considerável para com suas obras, que não raro relutam em reconhecer, e ainda mais amiúde adotam posições às quais ele mesmo, em formulações anteriores, já havia objetado. Em sua busca de uma linguagem de plena sinceridade, em seu ideal de agentes verdadeiramente comunicativos, empenhados na prática por seus atos de fala, tendo plena participação na manifestação das escolhas públicas, podemos encontrar os prenúncios, por exemplo, da filosofia política de Jürgen Habermas. Em sua percepção das tiranias sufocantes, mutiladoras, desumanizantes da sociedade mercantilista moderna, retratada como se fosse o pan-óptico de um

27. "La nature étalait à nos yeux toute sa magnificence" (A natureza estendia toda sua magnificência a nossos olhos), por Moreau, le jeune, ilustrando *Émile* para a edição Boubers das *Oeuvres* de Rousseau.

monstro procustiano montado por um doutor Frankenstein ainda por nascer e fantasiado de Bentham, ele também aponta alguns aspectos do caminho que leva a Foucault. Mas, à diferença da maioria dos pensadores pós-modernistas e também de seus respectivos críticos, Rousseau encontraria refúgio e alcançaria a tranquilidade, muito embora sob os repetidos golpes que sofreu num mundo pessoal e político em contínua turbulência. Pela introspecção e boa vontade, o mais tremendo crítico setecentista das armadilhas da civilização, o mais vívido ilustrador das tessituras de seu mal-estar e desespero, acreditou durante toda a vida, tal como Anne Frank no momento mais tenebroso da história moderna, que a natureza humana, em sua essência, ainda era de bom coração.

Leituras complementares

Obras de Rousseau na Coleção L&PM POCKET

O contrato social. Tradução de Paulo Neves.

Os devaneios do caminhante solitário. Tradução de Julia da Rosa Simões.

Discurso sobre a origem e os fundamentos da desigualdade entre os homens. Tradução de Paulo Neves.

Coleções gerais, comentários e biografias

Atualmente, para o estudo de Rousseau são indispensáveis dois grandes empreendimentos editoriais dos últimos quarenta anos, a edição Pléiade de suas *Oeuvres complètes*, compiladas por B. Gagnebin, M. Raymond e outros (Paris, 1959-95), e a edição da Fundação Voltaire de sua *Correspondance complète*, por R. A. Leigh (Genebra e Oxford, 1965-98). As duas edições se baseiam nos manuscritos originais e são ricamente documentadas com notas editoriais, ilustrando as fontes e dando remissões cruzadas das passagens em toda a obra. O quinto volume das *Oeuvres complètes* da Pléiade, longamente esperado, traz a maioria dos escritos de Rousseau sobre a música e a linguagem, inclusive o *Dictionnaire de musique* e outros textos antes inéditos, com introdução e notas eruditas, embora a bela edição do *Essai sur l'origine des langues* por Jean Starobinski já estivesse disponível em separado (Paris, 1990) e antes disso o mesmo texto já tenha sido extensamente anotado por Charles Porset (2ª. ed., Bordeaux, 1970). Entre as obras principais de Rousseau incorporadas na edição Pléiade, talvez apenas o *Discours sur les sciences et les arts* apresente um maior domínio das fontes em outra edição, de George Havens (Nova York, 1946). Igualmente digna de nota é a edição de Heinrich Meier do *Discours sur l'inégalité*, acompanhada de uma tradução alemã (Paderborn, 1984).

A edição da *Correspondance complète*, em 52 volumes pela Leigh, é uma das obras mais admiráveis em termos de erudição moderna, em qualquer área de conhecimento – o trabalho grandioso de anotação, a capacidade de recriar o mundo de Rousseau e mesmo a espontaneidade e o requinte na composição de suas ideias são inigualáveis.

Essa correspondência, junto com as *Confessions* de Rousseau, ajudou Raymond Trousson e Maurice Cranston a elaborarem talvez as melhores biografias de Rousseau em qualquer língua (Paris, 1988 e 1989; Londres, 1983, 1991 e 1997), embora Cranston tenha falecido antes de concluir o terceiro volume. Jean Guéhenno, *Jean-Jacques Rousseau* (trad. ingl., 2 vols., Londres, 1966), e Lester Crocker, *Jean-Jacques Rousseau* (2 vols., Nova York, 1968 e 1973) também são biografias notáveis, muito substanciosas. Ronald Grimsley, *Jean-Jacques Rousseau: A Study of Self-Awareness* (2ª. ed., Cardiff, 1969) trata com grande sensibilidade do desenvolvimento da personalidade de Rousseau ao longo de seus escritos, enquanto Kelly, *Rousseau's Exemplary Life: The 'Confessions' as Political Philosophy* (Ithaca, NY, 1987), interpreta a autobiografia com grande perspicácia, à luz dos princípios de Rousseau.

Entre os comentários de língua inglesa sobre o pensamento de Rousseau em diversos gêneros, destacam-se Ernst Cassirer, *The Question of Jean-Jacques Rousseau* (2ª. ed., New Haven, Conn., 1989), Judith Shklar, *Men and Citizens: A Study of Rousseau's Social Theory* (2ª. ed., Cambridge, 1985), e C. W. Hendel, *Jean-Jacques Rousseau: Moralist*, obra mais abrangente (2ª. ed., Indianápolis, 1962), sendo o estudo de Hendel em especial uma das apresentações mais sutis e detalhadas da filosofia de Rousseau em qualquer língua. De qualidade comparável, mostrando igual domínio dos escritos de Rousseau em várias disciplinas, é Timothy O'Hagen, em *Rousseau* (Londres e Nova York, 1999). Em francês, os tratamentos mais admiráveis do pensamento de Rousseau são provavelmente de Bronislaw Baczko, em *Rousseau: Solitude et communauté*, publicado originalmente em polonês (Paris, 1974), de Pierre Burgelin, em *La Philosophie de l'existence de J.-J. Rousseau* (2ª. ed., Paris, 1973), e de Starobinski, com seu estudo clássico de 1957, agora disponível em inglês, *Jean-Jacques Rousseau: Transparency and Obstruction* (Chicago, 1988), fascinante em suas imagens da experiência interior e das metáforas da opacidade e do reflexo de Rousseau.

John Hope Mason, *The Indispensable Rousseau* (Londres, 1979), oferece aos leitores de língua inglesa uma análise habilidosa, intercalada por extratos de quase todos os principais escritos de Rousseau, enquanto N. J. H. Dent, *A Rousseau Dictionary* (Oxford, 1992), apresenta uma abordagem temática das obras de Rousseau, dando remissões muito úteis à bibliografia secundária correspondente a cada caso. O *Dictionnaire de Jean-Jacques Rousseau* (Paris, 1996), de grande autoridade, publicado sob a direção de Trousson e Frédéric Eigeldinger, contém setecentos verbetes escritos por quase cem colaboradores, sobre as obras, os temas, os lugares e as pessoas. A Société Jean-Jacques Rousseau, sediada em Genebra, desde 1905 publica *Annales*, um periódico de admirável erudição, e, para aqueles que jamais se cansam de pesquisar sobre Rousseau, existe uma *Collection des index et concordances* de seus escritos, gerada eletronicamente (Genebra e Paris, 1977-), com a supervisão geral de Michel Launay e alguns dedicados colegas da Universidade de Nice e outras. Os estudiosos que consultarem os dois volumes da *Bibliography of the writings of Jean-Jacques Rousseau to 1800,* por Jo-Ann McEachern (Oxford, 1989 e 1993), se sentirão muito recompensados.

Estudos sobre o pensamento político e social de Rousseau

Até hoje, a interpretação de maior autoridade das obras políticas de Rousseau em seu contexto histórico continua a ser Robert Derathé, *Rousseau et la science politique de son temps* (2ª. ed., Paris, 1970), com uma exposição ricamente detalhada da jurisprudência que serve de base à sua filosofia. Masters, *The Political Philosophy of Rousseau* (Princeton,

NJ, 1968), apresenta uma das leituras mais cerradas e bem documentadas dos textos políticos e pedagógicos de Rousseau, como partes integrantes de uma doutrina sistemática que se desenvolve a partir do primeiro *Discurso*, enquanto Launay, *Jean-Jacques Rousseau: Écrivain politique (1712-1762)* (Cannes e Grenoble, 1971), de uma perspectiva essencialmente marxista, também mostra profundo domínio dos textos principais e também dos textos menores. Grace Roosevelt, *Reading Rousseau in the Nuclear Age* (Filadélfia, 1990), apresenta uma nova avaliação das reflexões de Rousseau sobre a guerra e as relações internacionais, no contexto mais amplo de seus textos políticos e pedagógicos.

Entre os estudos significativos do *Discours sur les sciences et les arts*, ligado ou não aos outros textos de Rousseau imediatamente derivados dele, tem-se Mario Einaudi, *The Early Rousseau* (Ithaca, NY, 1967); Victor Gourevitch, "Rousseau on the Arts and Sciences", *Journal of Philosophy*, 69 (1972); Haven, "The Road to Rousseau's *Discours sur l'inégalité*", *Diderot Studies*, 3 (1961); Hope Mason, "Reading Rousseau's First Discourse", *Studies on Voltaire and the eighteenth century (SVEC 249)* (1987). O *Discours sur l'inégalité*, tão central para a teoria política de Rousseau, nos últimos tempos tem recebido uma atenção acadêmica talvez ainda maior quanto à sua filosofia da história, por exemplo em Asher Horowitz, *Rousseau: Nature and History* (Toronto, 1986), e principalmente quanto à sua antropologia filosófica ou histórica, mais notadamente em Michèle Duchet, *Anthropologie et histoire au siècle des lumières* (Paris, 1971); Victor Goldschmidt, *Anthropologie et politique: Les principes du système de Rousseau* (Paris, 1974); e Arthur M. Melzer, *The Natural Goodness of Man: On the System of Rousseau's Thought* (Chicago, 1990). Tentei tratar mais ou menos extensamente dos vários contextos da argumentação de Rousseau em *Rousseau's 'Discours sur l'inégalité' and its Sources*, a ser publicado pelo Centre international d'étude du dix-huitième siècle em Ferney-Voltaire. Encontram-se outras abordagens de sua teoria sobre a natureza selvagem da humanidade e seus argumentos sobre símios e orangotangos em Arthur O. Lovejoy, "Rousseau's Supposed Primitivism", em Lovejoy, *Essays in the History of Ideas* (Baltimore, 1948); Gourevitch, "Rousseau's Pure State of Nature", *Interpretation*, 16 (1988); Francis Moran III, "Natural Man in the *Second Discourse*", *Journal of the History of Ideas*, 54 (1993); e meu "Perfectible Apes in Decadent Cultures: Rousseau's Anthropology Revisited", *Daedalus*, 107 (1978). Jacques Derrida, *De la grammatologie* (Paris, 1967), traz um dos tratamentos mais sutis do *Essai sur l'origine des langues*.

Há discussões notáveis sobre a argumentação do *Contrato social* desde a perspectiva kantiana de Andrew Levine, favorável a ela, em *The Politics of Autonomy* (Amherst, Mass., 1976), passando por John W.Chapman e seu equilibrado *Rousseau – Totalitarian or Liberal?* (Nova York, 1956), Zev Trachtenberg e seu penetrante *Making Citizens: Rousseau's Political Theory of Culture* (Nova York, 1993), até John Plamenatz e seu judicioso *Man and Society*, vol. ii (2a. ed., Londres, 1992). Patrick Riley, *Will and Political Legitimacy: A Critical Exposition of Social Contract Theory in Hobbes, Locke, Rousseau, Kant e Hegel* (Cambridge, Mass., 1982), dá especial destaque à concepção da vontade geral de Rousseau como parte de uma tradição de voluntarismo político, enquanto Richard Fralin, *Rousseau and Representation* (Nova York, 1978), procura trazer os princípios políticos abstratos de Rousseau para o mundo concreto e sua aplicação aos Estados efetivamente existentes. Por outro lado, Baczko, *Lumières de l'utopie* (Paris, 1978), leva-os de novo para esferas mais altas em seu comentário sobre *O governo da Polônia*, bem como o fazem James Miller, *Rousseau: Dreamer of Democracy* (New Haven, Conn., 1984), que identifica as visões alpinas da democracia genebrina de Rousseau com seus devaneios naturalistas, e Paule-Monique Vernes, *La Ville, la fête, la démocratie: Rousseau et les illusions de la communauté* (Paris, 1978), que aponta as imagens de uma união fraterna em todos os seus textos políticos, inclusive a *Lettre à d'Alembert sur les spectacles*. Entre os comentários mais impressionantes sobre a significação política do teatro naquela obra está o de Patrick Coleman, *Rousseau's Political Imagination: Rule and Representation in the 'Lettre à d'Alembert'* (Genebra, 1984).

Sobre a influência de Rousseau no curso da Revolução Francesa, os documentos e notas dos volumes 46 a 49 da *Correspondance complète* na edição Leigh (que termina não com a morte de Rousseau, e sim com a de Thérèse Levasseur em 1801) são muito esclarecedores, tanto ou mais do que qualquer uma das obras em particular, cujo tratamento mais completo se encontra em Roger Barny, *L'Éclatement révolutionnaire du rousseauisme* (Paris, 1988), além das abordagens mais amplas de Carol Blum, *Rousseau and the Republic of Virtue: The Language of Politics in the French Revolution* (Ithaca, NY, 1986), e de Joan Mcdonald, *Rousseau and the French Revolution: 1762-1791* (Londres, 1965).

Avaliações dos outros textos, relações intelectuais e fontes de Rousseau

Sobre a filosofia da educação de Rousseau em *Emílio*, tem-se a abordagem convincente do *amour-propre* nessa obra em Dent, *Rousseau: An Introduction to this Psychological, Social and Political Thoery* (Oxford, 1988), enquanto Peter D. Jimack, *La Genèse et la rédaction de l'Emile*, *SVEC* 13 (1960), é especialmente informativo sobre as etapas da composição de *Emílio*. Pierre-Maurice Masson, o maior estudioso de Rousseau de sua época, continua a ser uma presença dominante com seu tratamento da teologia natural e cristã de Rousseau em *La Religion de Rousseau* (3 vols., Paris, 1916), mas Ronald Grimsley, com o mais modesto *Rousseau and the Religious Quest* (Oxford, 1968), também é de grande proveito. Sobre as ideias de sexualidade de Rousseau, Allan Bloom, *Love and Friendship* (Nova York, 1993), aborda a milagrosa metamorfose do sexo em amor por meio da imaginação, enquanto Joel Schwartz, *The Sexual Politics of Rousseau* (Chicago, 1984), identifica duas linhas distintas de argumentação sobre a diferença sexual nos escritos de Rousseau, tema desenvolvido pela perspectiva da teoria crítica por Judith Still, *Justice and Difference in the Works of Rousseau* (Cambridge, 1993). Henri Guillemin, *Un homme, deux ombres (Jean-Jacques – Julie – Sophie)* (Genebra, 1943), apresenta um tratamento lírico da paixão de Rousseau por Sophie d'Houdetot.

Jean-Louis Lecercle oferece uma leitura de especial sensibilidade de *La Nouvelle Héloïse* em *Rousseau et l'art du roman* (Paris, 1969), e o romance também é objeto de densa análise de Lionel Gossman, "The Worlds of *La Nouvelle Héloïse*", *SVEC* 41 (1966), e de James F. Jones, *La Nouvelle Héloïse: Rousseau and Utopia* (Genebra, 1977). Jones, por sua vez, apresenta uma análise da obra mais angustiada de Rousseau, que teria sido inspirada sobretudo pela permanência na Inglaterra, em *Rousseau's 'Dialogues': An Interpretative Essay* (Genebra, 1991). Françoise Barguillet, *Rousseau ou l'illusion passionnée: Les rêveries du promeneur solitaire* (Paris, 1991), e Marc Eigeldinger, *Jean-Jacques Rousseau et la réalité de l'imaginaire* (Neuchâtel, 1962), tratam respectivamente da forma geral e das imagens específicas da última grande obra de Rousseau, *Rêveries*, enquanto Marcel Raymond, *Jean-Jacques Rousseau: la quête de soi et la rêverie* (Paris, 1986), examina as luzes que esse texto lança sobre o caráter de Rousseau.

Apesar da quantidade cada vez maior de análises de temas específicos dentro e em torno da filosofia da música de Rousseau, ainda há muito espaço para pesquisas originais nessa área, e também para um estudo geral do conjunto das ideias de Rousseau sobre a música que seja capaz de suplantar o excelente *Rousseau als Musiker* (Berlim, 1884) de Albert Jansen, e ampliar o trabalho bem informado do ponto de vista musicológico, mas com menor foco teórico, de Samuel Baud-Bovy, *Jean-Jacques Rousseau et la musique* (Neuchâtel, 1988), principalmente agora que a maioria dos escritos de Rousseau sobre o tema está disponível em volumes independentes nas principais edições modernas de suas obras. Philip Robinson, *Jean-Jacques Rousseau's Doc-*

trine of the Arts (Berna, 1984), é de especial proveito sobre o *Dictionnaire de musique* e alguns temas musicais ao longo de toda a obra de Rousseau, também tratados de maneira mais ou menos extensa no quarto capítulo e no apêndice de meu *Rousseau on Society, Politics, Music and Language: An Historical Interpretation of his Early Writings* (Nova York, 1987). Michael O'Dea, *Jean-Jacques Rousseau: Music, Illusion and Desire* (Londres e Nova York, 1995), avalia como as inflexões apaixonadas da voz humana, descritas nos primeiros textos de Rousseau sobre música, estavam relacionadas com os arroubos de imaginação de suas obras ficcionais e autobiográficas. Sobre o tema da botânica, por excelente que seja o comentário de Gagnebin em sua edição das *Lettres sur la botanique* de Rousseau (Paris, 1962), a obra decisiva para todos os estudiosos sérios continua a ser Jansen, *Rousseau als Botaniker* (Berlim, 1885), que teve alguns excertos traduzidos para o inglês por Sir Gavin de Beer, "Jean-Jacques Rousseau: Botanist", *Annals of Science*, 10 (1954). As análises mais notáveis e meticulosas da herança suíça de Rousseau, com suas preocupações e ansiedades, são as de F. Eigeldinger, *'Des pierres dans mon jardin': Les années neuchâteloises de J.J. Rousseau et la crise de 1765* (Genebra, 1992); François Jost, *Jean-Jacques Rousseau Suisse: Étude sur sa personnalité et sa pensée* (2 vols., Friburgo, 1961); e Helena Rosenblatt, *Rousseau and Geneva* (Cambridge, 1997).

Yves Touchefeu, *L'Antiquité et le christianisme dans la pensée de Rousseau* (Oxford, 1999), faz uma apresentação muito equilibrada da interpretação de Rousseau das fontes clássicas e cristãs. Sobre a dívida de Rousseau para com Maquiavel, Maurizio Viroli, *Jean-Jacques Rousseau and the 'Well-ordered Society'* (Cambridge, 1988), é de especial proveito, bem como o tratamento de sua relação com Hobbes apresentado por Howard Cell e James MacAdam, *Rousseau's Response to Hobbes* (Berna, 1988). Comentei a leitura de Pufendorf feita por Rousseau em "Rousseau's Pufendorf: Natural Law and the Foundations of Commercial Society", *History of Political Thought*, 15 (1994). Henri

Gouhier, *Rousseau and Voltaire: Portraits dans deux miroirs* (Paris, 1983), destrincha magistralmente as diferenças entre os dois principais antagonistas da época do Iluminismo, enquanto continua inigualada a análise do desenvolvimento intelectual inicial de Rousseau, tendo como pano de fundo a *Encyclopédie*, empreendida por René Hubert, *Rousseau et l'Encyclopédie: Essai sur la formation des idées politiques de Rousseau (1742-56)* (Paris, 1928), tema que abordei especificamente na relação com Diderot em "The Influence of Diderot on the Political Theory of Rousseau: Two Aspects of a Relationship", *SVEC* 132 (1975). Mark Hulliung, *The Autocritique of Enlightenment: Rousseau and the Philosophes* (Cambridge, Mass., 1994), apresenta de maneira ao mesmo tempo ampla e sutil as tensões intelectuais entre Rousseau e os principais pensadores de sua época.

Sobre o rousseaunismo na França no final do século XVIII, Jean Roussel, *Rousseau en France après la Révolution, 1795-1830* (Paris, 1972), oferece o tratamento mais abrangente; o mesmo em relação à Alemanha, com Jacques Mounier, *La Fortune des écrits de Rousseau dans les pays de langue allemande de 1782 à 1813* (Paris, 1980); em relação à Itália, Silvia Rota Ghibaudi, *La fortuna di Rousseau in Italia (1750-1815)* (Turim, 1961); no pensamento inglês, Henri Roddier, *J.-J. Rousseau en Angleterre au XVIIIe siècle* (Paris, 1950), e Jacques Voisine, *Rousseau en Angleterre à l'époque romantique* (Paris, 1956). Guillemin, *'Cette affaire infernale': L'affaire J.J. Rousseau – David Hume, 1766* (4a. ed., Paris, 1942), apresenta uma vívida leitura do ano de tormentos que Rousseau viveu às mãos de um homem que lhe queria bem. Sobre a antecipação de aspectos kantianos na filosofia de Rousseau, o texto clássico continua a ser o de Cassirer, *Rousseau, Kant and Goethe*, publicado originalmente em 1945 (Nova York, 1963). Entre as análises mais notáveis da fortuna literária ou filosófica de Rousseau nas avaliações de seus futuros comentadores estão as de Trousson, *Rousseau et sa fortune littéraire* (Bordeaux, 1971), e Tanguy L'Aminot, *Images de Jean-Jacques Rousseau de 1912 à 1978* (Oxford, 1992).

Índice remissivo

I

J

Q

R

Lista de ilustrações

Coleção L&PM POCKET (LANÇAMENTOS MAIS RECENTES)

907.**Os nascimentos** – Eduardo Galeano
908.**As caras e as máscaras** – Eduardo Galeano
909.**O século do vento** – Eduardo Galeano
910.**Poirot perde uma cliente** – Agatha Christie
911.**Cérebro** – Michael O'Shea
912.**O escaravelho de ouro e outras histórias** – Edgar Allan Poe
913.**Piadas para sempre (4)** – Visconde da Casa Verde
914.**100 receitas de massas light** – Helena Tonetto
915(19).**Oscar Wilde** – Daniel Salvatore Schiffer
916.**Uma breve história do mundo** – H. G. Wells
917.**A Casa do Penhasco** – Agatha Christie
918.**Maigret e o finado sr. Gallet** – Simenon
919.**John M. Keynes** – Bernard Gazier
920(20).**Virginia Woolf** – Alexandra Lemasson
921.**Peter e Wendy** *seguido de* **Peter Pan em Kensington Gardens** – J. M. Barrie
922.**Aline: numas de colegial (5)** – Adão Iturrusgarai
923.**Uma dose mortal** – Agatha Christie
924.**Os trabalhos de Hércules** – Agatha Christie
925.**Maigret na escola** – Simenon
926.**Kant** – Roger Scruton
927.**A inocência do Padre Brown** – G.K. Chesterton
928.**Casa Velha** – Machado de Assis
929.**Marcas de nascença** – Nancy Huston
930.**Aulete de bolso**
931.**Hora Zero** – Agatha Christie
932.**Morte na Mesopotâmia** – Agatha Christie
933.**Um crime na Holanda** – Simenon
934.**Nem te conto, João** – Dalton Trevisan
935.**As aventuras de Huckleberry Finn** – Mark Twain
936(21).**Marilyn Monroe** – Anne Plantagenet
937.**China moderna** – Rana Mitter
938.**Dinossauros** – David Norman
939.**Louca por homem** – Claudia Tajes
940.**Amores de alto risco** – Walter Riso
941.**Jogo de damas** – David Coimbra
942.**Filha é filha** – Agatha Christie
943.**M ou N?** – Agatha Christie
944.**Maigret se defende** – Simenon
945.**Bidu: diversão em dobro!** – Mauricio de Sousa
946.**Fogo** – Anaïs Nin
947.**Rum: diário de um jornalista bêbado** – Hunter Thompson
948.**Persuasão** – Jane Austen
949.**Lágrimas na chuva** – Sergio Faraco
950.**Mulheres** – Bukowski
951.**Um pressentimento funesto** – Agatha Christie
952.**Cartas na mesa** – Agatha Christie
953.**Maigret em Vichy** – Simenon
954.**O lobo do mar** – Jack London
955.**Os gatos** – Patricia Highsmith
956(22).**Jesus** – Christiane Rancé
957.**História da medicina** – William Bynum
958.**O Morro dos Ventos Uivantes** – Emily Brontë
959.**A filosofia na era trágica dos gregos** – Nietzsche
960.**Os treze problemas** – Agatha Christie
961.**A massagista japonesa** – Moacyr Scliar
962.**A taberna dos dois tostões** – Simenon
963.**Humor do miserê** – Nani
964.**Todo o mundo tem dúvida, inclusive você** – Édison Oliveira
965.**A dama do Bar Nevada** – Sergio Faraco
966.**O Smurf Repórter** – Peyo
967.**O Bebê Smurf** – Peyo
968.**Maigret e os flamengos** – Simenon
969.**O psicopata americano** – Bret Easton Ellis
970.**Ensaios de amor** – Alain de Botton
971.**O grande Gatsby** – F. Scott Fitzgerald
972.**Por que não sou cristão** – Bertrand Russell
973.**A Casa Torta** – Agatha Christie
974.**Encontro com a morte** – Agatha Christie
975(23).**Rimbaud** – Jean-Baptiste Baronian
976.**Cartas na rua** – Bukowski
977.**Memória** – Jonathan K. Foster
978.**A abadia de Northanger** – Jane Austen
979.**As pernas de Úrsula** – Claudia Tajes
980.**Retrato inacabado** – Agatha Christie
981.**Solanin (1)** – Inio Asano
982.**Solanin (2)** – Inio Asano
983.**Aventuras de menino** – Mitsuru Adachi
984(16).**Fatos & mitos sobre sua alimentação** – Dr. Fernando Lucchese
985.**Teoria quântica** – John Polkinghorne
986.**O eterno marido** – Fiódor Dostoiévski
987.**Um safado em Dublin** – J. P. Donleavy
988.**Mirinha** – Dalton Trevisan
989.**Akhenaton e Nefertiti** – Carmen Seganfredo e A. S. Franchini
990.**On the Road – o manuscrito original** – Jack Kerouac
991.**Relatividade** – Russell Stannard
992.**Abaixo de zero** – Bret Easton Ellis
993(24).**Andy Warhol** – Mériam Korichi
994.**Maigret** – Simenon
995.**Os últimos casos de Miss Marple** – Agatha Christie
996.**Nico Demo** – Mauricio de Sousa
997.**Maigret e a mulher do ladrão** – Simenon
998.**Rousseau** – Robert Wokler
999.**Noite sem fim** – Agatha Christie
1000.**Diários de Andy Warhol (1)** – Editado por Pat Hackett
1001.**Diários de Andy Warhol (2)** – Editado por Pat Hackett
1002.**Cartier-Bresson: o olhar do século** – Pierre Assouline
1003.**As melhores histórias da mitologia: vol. 1** – A.S. Franchini e Carmen Seganfredo
1004.**As melhores histórias da mitologia: vol. 2** – A.S. Franchini e Carmen Seganfredo
1005.**Assassinato no beco** – Agatha Christie
1006.**Convite para um homicídio** – Agatha Christie
1007.**Um fracasso de Maigret** – Simenon
1008.**História da vida** – Michael J. Benton
1009.**Jung** – Anthony Stevens
1010.**Arsène Lupin, ladrão de casaca** – Maurice Leblanc
1011.**Dublinenses** – James Joyce

IMPRESSÃO:

GRÁFICA EDITORA
Pallotti
IMAGEM DE QUALIDADE

Santa Maria - RS - Fone/Fax: (55) 3220.4500
www.pallotti.com.br